W0077717

Sie sind überall –
Gegen Faschismus in deinem Feed

Lisa Duhm, geboren 1991 in Hamburg, arbeitet als Redakteurin bei SPIEGEL ONLINE. Sie arbeitete als freie Journalistin in den USA, bevor sie den internationalen Masterstudiengang „Journalism, Media and Globalization" an den Universitäten Aarhus und Hamburg absolvierte. Im Jahr 2016 wurde ihre Arbeit zu den Rassenunruhen in den USA mit dem Medienpreis der Kindernothilfe ausgezeichnet.

Mehr über unsere Bücher, Autoren und Illustratoren auf www.gabriel-verlag.de

Lisa Duhm

Sie sind überall

Gegen Faschismus in deinem Feed

Inhalt

Kapitel 4

Kapitel 5

Kapitel 6

Anhang

Kapitel 1

Rechte Influencer: „Hi, ich bin die Juli"

Die junge Frau lächelt in die Kamera, streicht sich die braunen, langen Haare aus dem Gesicht. „Hi, ich bin die Juli", sagt sie. So beginnen die meisten ihrer Videos. Mehr als 100.000 Abonnenten hat ihr YouTube-Kanal. Unter ihren Videos kommentieren Fans mit „Ich liebe deinen Style" und „Viel Liebe für deine Videos". Wenn Juli lächelt, sieht man die Zahnspange oben auf ihren Schneidezähnen. Ihre Videos für YouTube dreht sie in ihrem Zimmer, im Hintergrund steht ein Bett, daneben ein großer Spiegel mit Goldfassung.

Meist erzählt Juli in ihren Videos aus ihrem Alltag. Sie zeigt dann die neuesten Klamotten von ihrer letzten Shopping-Tour und verrät, wie man Trends am besten kombiniert. Aber sie erzählt auch vom Streit neulich mit ihrer besten Freundin. Oder von der Alkoholsucht ihrer Mutter, das Video brachte den Durchbruch. „Ich muss euch jetzt mal was richtig Persönliches erzählen." Diesen Satz sagt Juli oft. Auf Instagram postet sie Bilder von ihrem Frühstück, von ihrer Katze oder vom Camping mit ihren Freunden, auch hier hat sie Tausende Follower. Auf TikTok tanzt sie zu Hip-Hop.

Doch manchmal redet Juli auch über Politik. Sie sagt dann, dass sie sich große Sorgen macht. Die Politiker hätten versagt, findet Juli. Sie traue sich im Dunkeln nicht mehr allein raus, zu gefährlich sei das inzwischen. „Auch daran ist die Regierung schuld", sagt Juli. Zustimmung bekommt sie auch hier. Einer ihrer Follower schreibt in den Kommentaren: „Endlich traut sich mal jemand, das zu sagen."

Juli ist hübsch, jung, klug und sie redet über interessante Themen. Und dennoch ist sie gefährlich. Denn Juli ist rechts. Man merkt das nur nicht.

Juli gibt es nicht wirklich. Weil dieses Buch keinen rechten Influencern dabei helfen soll, an Reichweite zu gewinnen, wurde sie nur für diesen Text erschaffen. Und doch kennst du sie: Juli ist YouTube-Star. Wenn du Julis Welt betrittst, findest du ein ganz normales Mädchen vor. Aber du findest auch rechtes Gedankengut, so geschickt versteckt zwischen anderen Inhalten, dass es kaum auffällt.

Wann ist jemand „rechts"?

Es ist nicht einfach, rechte Ideen zu erkennen. Noch schwieriger wird es, wenn man über eine Person sagen will: „Die ist rechts." Ein Gedanke aber taucht immer wieder auf. Das ist die Idee, dass es okay sei, Menschen auszugrenzen. Zum Beispiel, weil sie eine bestimmte Hautfarbe haben. Es gibt viele unterschiedliche Bezeichnungen für Leute, die rechts sind. Zum Beispiel Rechtspopulisten, Rechtsextreme oder Neonazis. „Rechte" ist dabei ein Sammelbegriff, der noch nichts Genaues darüber aussagt, wie derjenige mit seinen Überzeugungen umgeht. Es ist wichtig, diese Unterscheidung zu machen – oft ist es aber auch schwer, zu erkennen, welche Bezeichnung einen Menschen richtig beschreibt. Denn die Grenzen sind fließend. → *In Kapitel 2 erfährst du mehr darüber, wie man sie unterscheiden kann – und was hinter rechten Ideen steckt.*

Influencer wie Juli wirken auf den ersten Blick wie andere YouTuber auch. Doch sie helfen dabei, dass rechte Ideologien heute wieder anerkannt sind.

Juli gehört zu einer Gruppe von rechten Influencern, die zurzeit immer stärker wird. Sie sind jung, das typische Einstiegsalter für die rechte Szene liegt bei 12 bis 15 Jahren. Sie sind in der Politik, rappen, machen Comedy oder Talkshows und Nachrichtensendungen. Und sie sind gut miteinander vernetzt. Ihre Inhalte verbreiten sie über Instagram, YouTube oder TikTok. Einige von ihnen sagen ganz offen, dass sie ihre Follower für die Szene rekrutieren wollen, andere sind vorsichtiger.

Das Problem: Auf der Straße könntest du sie wahrscheinlich nicht von anderen Jugendlichen oder jungen Erwachsenen unterscheiden. Die Mitglieder der sogenannten „Neuen Rechten" tragen keine Glatze oder Springerstiefel, keine auffälligen Tattoos. Sie sehen aus wie jeder andere auch. Sie sehen aus wie Juli.

Nazis kenn' ich nicht

Nazis, das denken viele, begegnen uns heute nur noch in Geschichtsbüchern. Im Schulunterricht sind die Themen Hitler und der Holocaust oft unbeliebter als das Bruchrechnen in der Mathestunde. Was sollen wir heute noch damit? Ist das nicht alles längst vorbei?

Tatsächlich findet sich rechte Ideologie heute überall. Etwa im Sportbereich: Das Interesse an rechtsextremen Kampfsportgruppen wächst so sehr, dass die Bundesregierung eigene Experten für das Thema beschäftigt.

Im Training geht es bei diesen Gruppen wie in anderen Vereinen erst einmal darum, fit zu werden und neue Kampftechniken zu lernen. Es werden zum Beispiel „Mixed Martial Arts" geübt, kurz MMA. Man kann Dampf ablassen und sich richtig auspowern – das macht Spaß.

Doch hinter all dem stehen mitunter rechte Ideen. Da heißt es dann vom Trainer, dass die Schüler sich mehr anstrengen müssten, um fit zu werden für den Endkampf am Tag X. Ein typisch rechter Gedanke: Rechte Ideologen sind davon überzeugt, dass es eines Tages einen Bürgerkrieg geben werde, damit sie die Macht übernehmen können. Darauf wollen sie ihre Kämpfer vorbereiten.

Meist machen die Mitglieder mit Symbolen deutlich, dass sie zur Szene gehören. Sie haben zum Beispiel entsprechende Tattoos oder tragen Kleidung bestimmter Marken, die sie in rechten Onlineshops gekauft haben. Für Außenstehende sind die gar nicht so leicht zu erkennen. Eins der beliebtesten Symbole ist die sogenannte Schwarze Sonne. Sie besteht aus drei übereinandergelegten Hakenkreuzen, das Symbol der Nazis unter Adolf Hitler. Verboten ist die Schwarze Sonne aber nicht.

→ *In Kapitel 6 kannst du testen, wie gut du dich mit rechten Symbolen auskennst.*

Auch andere rechte Vereine bieten Freizeitveranstaltungen an. In Erfurt etwa mietete der Verein „Volksgemeinschaft e. V." einen ehemaligen Supermarkt und richtete darin ein Jugendzentrum ein – mit Billardtischen und Tischkickern.

Solche Angebote werden gern von Familien genutzt, in denen auch die Eltern rechte Ideologien gut finden. Vielleicht sind sie selbst Mitglied in einer rechten Partei oder sprechen schlecht über Menschen, die aus anderen Ländern kommen.

Auch in der Schule kann es vorkommen, dass dort Lehrer mit rechter Gesinnung arbeiten. Denn es ist gar nicht leicht, einen Lehrer vom Schuldienst auszuschließen. Selbst wenn derjenige eindeutig eine rechte politische Einstellung hat, etwa weil er Mitglied einer bestimmten Partei ist. Dennoch wird er nicht automatisch vom Schuldienst ausgeschlossen. Erst, wenn er verbotene Aussagen macht, kann das geschehen. Doch das ist meist schwer nachzuweisen.

Zuletzt wurde darüber diskutiert, ob Björn Höcke weiter die Erlaubnis behält, Lehrer zu sein. Höcke ist ein wichtiger Politiker in der Partei AfD – und er ist rechtsextrem. Bevor er Politiker wurde, arbeitete er als Geschichtslehrer an einem Gymnasium. Das ist besonders heimtückisch, weil Höcke den Holocaust schon bei öffentlichen Reden verharmlost hat. Der Holocaust, also der Mord an Millionen Juden während der Nazizeit, ist im Geschichtsunterricht zu Recht ein großes Thema. Unwahrheiten darüber zu verbreiten ist in allen deutschsprachigen Ländern und vielen weiteren Staaten verboten. Doch seine Lehrerlaubnis hat Höcke immer noch – als Politiker steht er unter besonderem Schutz.

Am leichtesten aber verbreitet sich rechte Ideologie über die sozialen Medien. Oft ist sie dort gut getarnt. Nicht jeder, der rechtes Gedankengut verbreitet, macht das mit Absicht. Meist ist schwer zu erkennen, wer überhaupt zur Szene gehört. Und gerade deshalb ist es wichtig, die rechten Gedanken zu entlarven.

Auf Instagram postet Juli ein Selfie mit Leo. Die beiden haben sich über YouTube kennengelernt, auch Leo hat dort viele Abonnenten. Mit seiner Sendung „Sag es laut" erreicht er Zehntausende. Auf dem Foto trägt Leo einen schwarzen Pulli mit gelber Aufschrift. „Identitäre Bewegung" steht darauf. Bei der IB, wie Leo die Identitäre Bewegung in seinen Videos nennt, gehe es darum, sich politisch zu engagieren und die eigene Heimat zu verteidigen. Das sei heutzutage besonders wichtig, meint Leo.

In ganz Europa gebe es Gruppen, denen man sich anschließen könne. Er und seine Freunde planten schon die nächste große Aktion. „Wir werden ein bisschen Radau machen", sagt Leo und grinst. Was genau sie planten, sei aber noch geheim.

Den Pulli habe er von seinen Freunden geschenkt bekommen, erzählt er dann. Man könne ihn sich aber auch einfach online bestellen. „Wenn ihr auf diesen Link klickt, unterstützt ihr mich und meine Arbeit. Ihr wisst ja, ich bin unabhängig und finanziere mich nur über Spenden", sagt Leo.

Die neuen Rechten

Die Identitäre Bewegung entstand in Frankreich und fand ab 2010 auch im Rest von Europa immer mehr Anhänger. In Deutschland gründeten sie eine Facebookgruppe mit dem Namen „100% Identität – 0% xenophobisch" und ließ sich 2012 als offizieller Verein eintragen. Die Mitglieder geben an, die deutsche Kultur gegen fremde Einflüsse schützen zu wollen. Sie hetzen vor allem gegen Muslime und Geflüchtete und gelten als gewaltbereit. Der deutsche Verfassungsschutz überwacht die Gruppe und stufte sie als rechtsextrem ein. Die Mitglieder nutzen bestimmte Codes, um sich gegenseitig erkennen zu können – typisch ist das gelbe Logo auf schwarzem Grund, das aussieht wie ein nach oben gerichteter Pfeil in einem Kreis.

Was Leo nicht verrät: Die Identitäre Bewegung ist kein netter, politischer Jugendclub, sondern eine rechtsextreme Gruppierung. Der deutsche Staat stuft sie als so gefährlich ein, dass er ständig überwacht, wer Mitglied ist und was die Gruppe plant. In den sozialen Medien wurden bereits mehrmals Konten der Identitären Bewegung gesperrt. Doch privat machen ihre Mitglieder weiter – rund 600 von ihnen zählt der deutsche Verfassungsschutz. Online aber erreicht die IB Hunderttausende mit ihren Inhalten.

Dass Juli und Leo so erfolgreich sind, hat etwas damit zu tun, wie wir heute miteinander kommunizieren – und wie wir an Nachrichten gelangen. Juli holt ihre Fans da ab, wo sie sowieso sind: Rund 21 Millionen Menschen nutzen Instagram allein in Deutschland, auf YouTube sind vier von fünf Unter-19-Jährige mindestens ein Mal in der Woche. Pro Tag verbringen sie im Schnitt 2,4 Stunden online.

Wie viele Influencer es insgesamt gibt, kann niemand genau sagen. Ständig kommen neue hinzu – und weil man sich „YouTuberin" bisher nicht als Beruf eintragen lassen kann, kann auch niemand genau nachzählen. Schätzungen gehen aber allein auf Instagram von einer halben Million Influencern aus.

Längst nicht alle von ihnen sind rechts, aber alle verdienen Geld damit, Werbung zu machen. Wenn Leos Fans auf einen

14

Link in seiner Infobox klicken und darüber einen Pulli kaufen, verdient er daran mit. Wenn Juli verrät, welches Haarspray sie benutzt oder welches Parfum sie trägt, hat sie dafür einen Vertrag mit dem Hersteller geschlossen – und erhält Geld für die Werbung. Auch YouTube oder Instagram bezahlen Juli und Leo: Je mehr Klicks und Likes, umso mehr Geld gibt es für Werbeanzeigen auf ihren Kanälen. Die erfolgreichsten Influencer nehmen damit so viel ein, dass sie sich ein Leben im Luxus leisten können.

Die sozialen Medien spielen auch bei der Verbreitung von Nachrichten eine immer größere Rolle. Wer wissen will, was der Bundestag zuletzt beschlossen hat oder wer die Wahl gewonnen hat, erfährt das immer häufiger über Instagram oder Twitter. Fast jeder dritte junge Erwachsene nennt die sozialen Medien heute als wichtigste Nachrichtenquelle.

Wann wolltest du das letzte Mal etwas ganz dringend wissen? Um welches Thema ging es da? Überleg mal, wie du bei deiner Suche vorgegangen bist, wo du nach Antworten auf deine Frage gesucht hast. Vielleicht hast du gegoogelt – oder doch lieber einen Freund per WhatsApp gefragt? Spannend wird es, wenn du deine Antworten mit denen eines deutlich älteren Menschen vergleichst. Was hätte derjenige anders gemacht als du?

Auch wenn niemand genau messen kann, wie Influencer die Meinung von Menschen verändern, ist doch eins sicher: Sie haben einen enormen Einfluss. Das zeigt zum Beispiel ein knapp einstündiges YouTube-Video. Es wurde im Jahr 2019 veröffentlicht und versetzte unter dem Titel *Die Zerstörung der CDU* einen ganzen Haufen wichtiger Politiker in Panik.

In dem Video kritisiert der YouTuber Rezo die Unionspartei und ihre Politik. Die CDU war so überrumpelt, dass sie nicht wusste, wie sie reagieren sollte. Rezo zählt nicht zur rechten Influencer-Szene. Doch das Video zeigt, wie ein einzelner YouTuber eine ganze Partei aufmischen kann. Innerhalb weniger Tage sammelte das Video Millionen Klicks, 2019 war es das Video mit den höchsten Zuschauerzahlen in Deutschland. Medien in ganz Deutschland berichteten darüber.

„Schwarz, Rot, Gold! Kein Grund, sich zu schämen"

Auf YouTube redet Juli jetzt seltener über neue Modetrends und den passenden Nagellack für den Herbstanfang. Stattdessen erzählt sie von Leo und den Leuten, die sie über Leo kennengelernt hat.

Neulich seien sie gemeinsam auf einem Konzert gewesen, super Stimmung. Juli hat dort gefilmt, sie spielt einen Mitschnitt ein: Menschen stehen im Halbdunkel auf einer Wiese vor einer großen Bühne, sie tragen Shirts und kurze Hosen. Einige recken ihre Arme in die Luft, wippen auf und ab. Vorne rappt ein junger Mann mit kurz geschorenen Haaren seinen Text ins Mikro.

„Wir sind deutsch! Und keiner kann das nehmen
Schwarz, Rot, Gold! Kein Grund, sich zu schämen"

Juli schwenkt die Kamera auf sich, man sieht, wie sie den Text mitspricht. Leo legt ihr den Arm um die Schulter, gemeinsam lachen sie in die Kamera. Juli trägt den Pulli mit der gelben Aufschrift.

Der Rapper, der bei dem Konzert auf der Bühne steht, heißt Chris Ares. Seine Songs tragen Titel wie „Defend Europe", „Wir sind Kämpfer" oder „Machtwechsel". Ares ist sein Künstlername, er hat sich nach dem griechischen Gott des Krieges benannt. Seine Geschichte ist spannend, weil sie zeigt, wie mächtig rechte Influencer heute sind. Gleichzeitig beweist sie, wie die sozialen Medien genau diese Influencer zu Fall bringen können.

Rechte Ideologen schätzen die Texte des Rappers, der 1992 in Freiburg geboren wurde und eigentlich Christoph Aljoscha Zloch heißt. In seinen Liedern besingt er rechtsextreme Fantasien: Als Deutscher dürfe man heutzutage gar nicht mehr stolz sein auf sein Land. Das müsse sich ändern. Seine Ideologie verheimlicht er dabei nicht. „Ich bin rechts und unser Kommen ist europaweit zu spüren", heißt es in einem seiner Songs. Es klingt wie eine Drohung.

Doch die Fans von Chris Ares' Musik stammen nicht nur aus der rechten Szene: Der Rechtsextreme steht mit seiner Musik immer wieder in den Charts. Sein Song *Neuer Deutscher Standard* schaffte es laut dem Musiksender MTV auf Platz sechs der wöchentlichen Download-Charts. Bei iTunes ging *Neuer Deutscher Standard* auf Platz 10 – bei Amazon stieg der Song kurzeitig sogar auf Platz 1.

Für die rechte Szene ist Chris Ares ein Held – denn er hat etwas geschafft, was vor ihm kaum jemandem gelungen ist. Er macht rechte Ideen auch für jene zugänglich, die vorher nichts damit zu tun hatten. Als einer der Ersten kombinierte Chris Ares Rap mit rechter Ideologie. Das war vorher verpönt, weil Rap in der Szene unbeliebt war. Schließlich wurde er ursprünglich von Schwarzen Musikern gemacht – das passt nicht ins Weltbild der „Rechten". Mit Chris Ares aber war das anders.

In einem Interview gab Chris Ares ganz offen zu, was sein Ziel ist. Es hört sich ein bisschen gewunden an, was er zu sagen hat. Aber die Botschaft ist klar. „Ich hab es mir zur Aufgabe gemacht, metapolitisch zu wirken, sprich mit meiner Musik nach außen und vorne zu treten, um (...) die Köpfe der Jugend zurückzuergattern." Chris Ares meint damit: Er will vor allem neue, junge Mitglieder für die rechte Szene rekrutieren. Und damit hat er Erfolg.

Auf YouTube wurde sein Kanal von 80.000 Fans abonniert. Dort erreichte Chris Ares vor allem jugendliche Fans – und konnte seine rechten Überzeugungen ungestört verbreiten.

Wie gewaltbereit er ist, zeigte Chris Ares 2016 nach einer Veranstaltung der Partei AfD in München. Fotos zeigen, wie der Rapper damals mit Faustschlägen und Fußtritten Journalisten und Demonstranten attackiert. Sie hatten gegen die AfD protestiert. Chris Ares wurde wegen Körperverletzung angezeigt. Der Verfassungsschutz überwacht ihn und stuft ihn als „Rechtsextremisten" ein.

Doch die Geschichte von Rapper Chris Ares ist nicht nur ein Beispiel dafür, wie rechte Ideologen andere für ihre Ideen begeistern – und das oft ganz unbemerkt. Sie zeigt auch, welche Macht die sozialen Medien haben. Im Fall von Chris Ares haben sie es geschafft, den Plan eines rechten Influencers zu durchkreuzen.

Denn Chris Ares ist heute nicht mehr online. Der Rapper hat sämtliche Posts in den sozialen Medien gelöscht. Im Herbst 2020 veröffentlichte er einen letzten Abschiedstext. „Mit der Musik und dem Auftreten in der Öffentlichkeit werde ich nun aufhören, da es der einzig konsequente Weg ist, wenn ich mir eingestehe, dass ich mich verändert habe", schreibt er darin. Seine Gründe erklärt er nicht.

Doch nur wenige Wochen zuvor hatte YouTube sein Konto gesperrt. Das Unternehmen begründete die Entscheidung mit den Inhalten von Chris Ares' Songs. Der Rapper verbreite „Hassreden", dagegen gebe es auf YouTube strenge Regeln. „Wir haben über 25.000 Kanäle wegen Verstoßes gegen unsere Richtlinien für Hassreden eingestellt", teilte das Unternehmen mit. Auch Spotify und Amazon hatten die Musik von Chris Ares kurz zuvor von ihren Plattformen verbannt. Vielleicht verdiente Chris Ares schlicht kein Geld mehr damit, rechten Rap zu verbreiten.

Julis nächster Livestream trägt den Titel „Ich fasse es nicht!!!". Als sie online geht, hat sie Tränen in den Augen. „YouTube hat mein letztes Video gesperrt", sagt sie und schluchzt dabei. Es ist das Video mit dem Auftritt von Rapper Chris Ares. Das sei das erste Mal, dass ihr so etwas passiere. Sie könne nicht verstehen, warum. „Wir hatten doch einfach nur Spaß zusammen", sagt Juli. Sie habe sofort Leo angerufen, schließlich sei er auch YouTuber und kenne sich schon damit aus. „Leo sagt, dass man seine Meinung eben nicht mehr frei äußern kann."

In der Kommentarspalte posten Nutzer Emojis mit gereckten Fäusten und roten Köpfen. „Was willst du jetzt machen?", fragt einer. Juli zuckt mit den Schultern. Sie sei noch zu aufgebracht, um das zu entscheiden. Ein anderer spendet 20 Euro, ihre Kontoverbindung hat Juli in ihrem Profil angegeben. „Danke", sagt Juli. „Immerhin auf euch ist Verlass."

Von außen betrachtet ist Juli noch immer die Gleiche: Lange, braune Haare, Zahnspange, nettes Lachen. Doch ihre Videos auf YouTube haben sich mit der Zeit verändert. Vielleicht merkt sie es selbst noch nicht – aber immer häufiger spricht sie über rechte Ideen. Auch von ihren früheren Freunden hat sie sich abgewandt, dafür verbringt sie ihre Freizeit nun mit Leo und ihren Bekannten von der rechtsextremen Identitären Bewegung.

Ihre Fans und Follower sind live dabei. Aber nur wenige wenden sich von ihr ab. Als Juli Hasskommentare unter ihrem Video erhält, schreibt einer: „Ich kenne dich schon so lange, Juli. Ich weiß genau, wie du das meinst." Juli hat einen großen Vorteil auf ihrer Seite: Ihre Follower vertrauen ihr.

Dieses Vertrauen ist zentral für Julis Erfolg – und für den Erfolg der „Rechten" im Netz. Denn Influencer schaffen es besonders schnell, eine persönliche Ebene herzustellen. Keiner ihrer Follower kennt Juli persönlich. Und doch fühlt es sich für ihre Fans so an, als wäre Juli eine enge Freundin. Schließlich waren sie mit ihr auf einem Konzert, haben gemeinsam gefeiert, gelacht und geweint.

Juli ist für sie nicht einfach irgendwer. Sie ist eine Vertrauensperson. Und genau das nutzt Juli aus. Aber dazu mehr im nächsten Kapitel.

Rechten folge ich nur aus Spaß

Wenn du auf YouTube oder Instagram unterwegs bist, suchst du bestimmt vor allem nach Unterhaltung. Einfach mal abschalten, nicht nachdenken müssen. Wer die rechten Ideologen durchschaut hat, für den ist es lustig, ihren wirren Geschichten und Verschwörungsideologien zuzuhören.
„Die Erde ist in Wahrheit eine Scheibe! Echsenmenschen haben seit Langem die Kontrolle über unsere Regierung übernommen! In der Coronazeit sollten alle nur drinnen bleiben, damit die Batterien in den Vögeln ausgetauscht werden konnten!" Solche Dinge werden über die sozialen Medien verbreitet.
Das alles ist völliger Quatsch. Einige Menschen glauben solche Erzählungen aber tatsächlich. Deshalb ist es gefährlich, wenn du solche Inhalte teilst – auch wenn du selbst verstanden hast, was dahintersteckt. Denn du kannst kaum kontrollieren, ob das der Freund von deinem Freund auch versteht, den das Video am Ende erreicht.
Deshalb: Rechte Inhalte und Verschwörungserzählungen sollte man nicht weiterverbreiten – noch nicht mal zum Spaß.

Kapitel 2

Rechte Gedanken oder: Welche Über- zeugungen teilt Juli?

Auf Instagram *postet Juli ein neues Bild. Auf einem schwarzen Hintergrund prangen die Buchstaben: „Steh zu dir selbst!" Dazu hat sie einen langen Text geschrieben. Er beginnt mit dem Satz: „Lotta kenne ich schon seit der Grundschule." Gerade, schreibt Juli dann, hat Lotta angerufen. Und wollte wissen, warum Juli nie Zeit hat. „Sie mag meine neuen Freunde nicht", schreibt Juli. „Wahrscheinlich Eifersucht."*

Schließlich fragte Lotta, ob Juli jetzt auch zu dieser rechten Szene gehört. Mit den anderen aus der alten Clique hat Lotta auch schon gesprochen, sagte sie. Sie alle machen sich Sorgen um Juli. „Das ist totaler Quatsch", findet Juli. Sie sage einfach endlich mal ihre Meinung, damit kämen ihre alten Freunde nicht klar. „Ich bin doch nicht rechts!", schreibt Juli.

Hat Juli recht? Ist das alles gar nicht schlimm, was sie macht und sagt, oder sogar ganz normal? Vielleicht siehst du ihr Verhalten aber auch kritisch. Stell dir vor, du bist einer von Julis alten Freunden. Wie würdest du auf ihren Insta-Post antworten?

Wer sich mit rechten Überzeugungen beschäftigt, muss einen kurzen, aber mächtigen Satz unbedingt kennen. Er besteht aus nur sechs Worten, und doch ist er die Grundlage dafür, wie wir in Deutschland leben. Er legt fest, auf welche Rechte sich jeder Mensch in der Bundesrepublik Deutschland berufen kann und wie wir miteinander umgehen sollen. Weil er so zentral ist, steht der Satz ganz am Anfang des Grundgesetzes:

„Die Würde des Menschen ist unantastbar."

Übersetzt heißt der Satz in etwa: Jeder Mensch ist wertvoll. Denn jeder, der einen Wert hat, hat auch Würde. Ganz bewusst wird da nicht von Frauen, Männern oder Kindern; von Schwarzen, Weißen oder Asiaten gesprochen. Sondern einfach nur von Menschen. Dieser Satz gilt für jeden. Er steht auch in der Charta der Grundrechte der Europäischen Union an erster Stelle. Nicht nur Deutschland, sondern ganz Europa hat sich auf diesen Satz verständigt.

Der Satz hat viele Folgen für unseren Alltag – zum Beispiel, dass sich jede und jeder auf die gleichen Rechte berufen kann. Das klingt erst mal nicht besonders, ist bei genauem Hinsehen aber eine große Sache. Denn es bedeutet zum Beispiel, dass ein reicher Mensch sich nicht einfach von einer Strafe freikaufen kann. Oder dass Frauen das Gleiche erreichen können wie Männer – und wenn sie merken, dass das nicht so ist, können sie es vor Gericht einfordern.

Das Grundgesetz

Im Grundgesetz stehen die wichtigsten deutschen Gesetze, abgekürzt spricht man vom GG. In insgesamt 146 Artikeln ist darin geregelt, wie unsere Demokratie funktioniert. Das Grundgesetz wurde in der Zeit nach dem Zweiten Weltkrieg geschrieben. Seine Macher hatten vor allem das Ziel, dass nie wieder ein solches Unheil geschehen sollte wie die Herrschaft der Nationalsozialisten unter Adolf Hitler. Das Grundgesetz ist deshalb ein kraftvolles Dokument über die Gleichberechtigung von Menschen. Bis heute ist das GG die Grundlage, wenn in Deutschland neue Gesetze erlassen werden: Keines darf dem Grundgesetz widersprechen. → *Am Ende des Buches findest du Auszüge aus dem Grundgesetz abgedruckt.*

Der Satz bedeutet auch, dass man keinen Menschen danach bewerten darf, wie er aussieht. Die Hautfarbe eines Menschen darf nicht darüber entscheiden, was jemand erreichen kann. Oder danach, ob er in einem Rollstuhl sitzt. Oder ob derjenige an einen Gott glaubt. So jedenfalls will es das Deutsche Grundgesetz.

Rechte Ideologen sind vom Gegenteil überzeugt. Influencer wie Juli sagen das meist nicht offen. Manchen ist selbst nicht klar, was sie da erzählen. Andere wollen sich mit ihren Aussagen nicht strafbar machen. Und natürlich wissen wir nicht, was Juli wirklich denkt. Aber es gibt bestimmte Themen, über die Rechte immer wieder reden. Zusammen genommen ergeben sie eine Ideologie. Und die verrät die Grundlage der rechten Gedanken: Menschen sind in den Augen der Rechten ungleich. Und einige, so sehen sie das, sind mehr wert als andere.

Die nächsten Seiten helfen dir dabei, die rechte Ideologie zu verstehen. Denn nur zu dem, was wir kennen, können wir uns eine eigene Meinung bilden. Folgende Themen sind besonders wichtig, wenn es um rechte Ideologie geht: Rassismus, Antisemitismus, Islamfeindlichkeit und Verschwörungstheorien. Ziemlich große Worte, aber keine Sorge – hier ist nur kurz das Wichtigste zu ihnen erklärt, damit du einen Überblick bekommst.

Rassismus

Menschen sind unterschiedlich, das kann jeder sehen. Sie haben unterschiedlich lange Haare und verschiedene Geschlechter. Manche sind so groß, dass sie ganz oben ans Bücherregal kommen, andere so gelenkig, dass sie einen Spagat machen können.

Rechte Ideologen behaupten, dass sich diese unterschiedlichen Eigenschaften eines Menschen mit seiner „Rasse" begründen lassen. Und sie denken, dass eine bestimmte Volksgruppe nicht nur äußere Merkmale, sondern auch ihre inneren Werte und Eigenschaften vereint. Sie schließen also vom Äußeren aufs Innere.

Wissenschaftlich gesehen ist das Unsinn. Schon vor fast 20 Jahren fanden Forscher heraus, dass Menschen einander genetisch so ähnlich sind, dass man schon ganz genau hinschauen muss, um überhaupt Unterschiede zu finden: 99,9 Prozent unseres Erbmaterials stimmen überein. Egal, ob wir aus Europa, Australien oder Afrika stammen.

Natürlich ist es auch ausgeschlossen, von der Haarfarbe eines Menschen auf seine inneren Einstellungen zu schließen. Niemand ist schließlich intelligenter, nur weil er braune Haare hat. Doch genau davon sind rechte Ideologen überzeugt: Sie verbreiten zum Beispiel, dass bestimmte Völker klüger oder gewaltbereiter als andere seien.

Die heute aktive „Neue Rechte", zu der auch Influencer wie Juli gehören, argumentiert versteckter. Juli zum Beispiel erzählt, dass sie sich nicht mehr im Dunkeln auf die Straße traut, weil das zu gefährlich sei. Das Argument der rechten Ideologen lautet so: Einwanderer und Geflüchtete seien gewalttätiger als andere Menschen. Weil mehr von ihnen nach Europa kämen, könne man sich nicht mehr sicher fühlen. Deshalb sollten sie Europa am besten wieder verlassen.

In Deutschland zum Beispiel sollen nach ihrer Ansicht nur Menschen leben, die „deutsch" sind. Dafür gibt es ein kompliziertes Fachwort: Ethnopluralismus. Man könnte stattdessen auch „moderner Rassismus" sagen.

Nach dieser Logik besteht ein Volk als eine Einheit, in der alle Mitglieder die gleichen Eigenschaften, Wünsche und Ziele haben. Jeder Mensch gehört demnach zu einer dieser Einheiten. Alle Deutschen, behaupten sie, seien im Kern gleich – und andersherum gedacht auch alle Türken, Amerikaner oder Franzosen.

Dass das nicht stimmt, ist offensichtlich: In Deutschland leben Menschen unterschiedlichen Glaubens; Muslime, Christen und Juden etwa. Sie alle haben verschiedene Traditionen. Und wer als Hamburger mal die Verwandten in Bayern besucht hat, weiß: Bei denen geht es ganz anders zu. Sie essen andere Dinge und sprechen vielleicht sogar Dialekt. Die eine deutsche Kultur gibt es nicht.

Das Gleiche gilt für Menschen, die nach Europa kommen. Sie alle haben einen eigenen Charakter, bestimmte Vorlieben und Abneigungen. Das liegt vielleicht zu einem Teil daran, wo sie herkommen. Aber ganz sicher ist auch: Nicht alle Menschen aus einem Land sind gewalttätig. Und nicht alle aus einem anderen besonders klug.

Trotzdem hetzen rechte Ideologen mit dieser Begründung unter anderem gegen Geflüchtete und Migranten, die aus Not und in Hoffnung auf ein besseres Leben ihre Heimat verlassen – und lassen außer Acht, dass Einwanderung seit Jahrtausenden Normalität ist. Es besteht schon immer ein Austausch zwischen der Bevölkerung unterschiedlicher Länder.

Eine Gemeinsamkeit gibt es übrigens doch unter allen Deutschen: Jeder und jede kann sich auf das Grundgesetz berufen. Und ist verpflichtet, sich an diese Regeln zu halten.

Islamfeindlichkeit

In Deutschland leben schätzungsweise knapp fünf Millionen Muslime, ein kleiner Teil der Gesamtbevölkerung. Und doch richtet sich gegen sie viel Hass: Jeder zweite Deutsche gibt heute an, dass der Islam eine Bedrohung darstelle.[1] Viele denken dabei wahrscheinlich an Terroranschläge oder den sogenannten „Islamischen Staat", eine Gruppe gewalttätiger Extremisten. Sie verüben schreckliche Anschläge und berufen sich dabei auf den Koran, die Heilige Schrift des Islams.

Die Angst vor dem Islam hat aber auch ganz reale Auswirkungen auf den Alltag von Muslimen. Für eine Studie fragten Forscher nach, ob die Befragten gern muslimische Nachbarn hätten. In Ostdeutschland sagte fast jeder Dritte: „Lieber nicht." In den westdeutschen Bundesländern gaben halb so viele Menschen diese Antwort.

Studien belegen übrigens, dass sich vor allem Menschen vor dem Islam fürchten, die besonders wenig mit ihm in Kontakt kommen – die also gerade keine muslimischen Nachbarn oder Freunde haben.

Auch die „Neue Rechte" schürt den Hass gegen Muslime. Viele Geflüchtete, die nach Europa kommen, sind muslimischen Glaubens. Die rechten Ideologen setzen den Glauben mit Gewaltbereitschaft gleich. Alle Muslime, vor allem die jungen Männer, stellen in ihren Augen eine Gefahr dar.

Außerdem fürchten sie eine „Islamisierung des Abendlandes", so sagen sie. Das ist eine Verschwörungstheorie. Sie besagt, dass so viele Muslime nach Europa kommen und dann hier so viele Kinder bekommen, dass bald keine Christen mehr hier leben würden. Menschen, die diese Idee verbreiten, wollen anderen damit Angst machen und Panik verbreiten.

Tatsächlich sinkt die Anzahl der Asylanträge seit einigen Jahren kontinuierlich. Es ist also nicht abzusehen, dass wirklich immer mehr Muslime nach Europa kommen. Auch, dass sie im Schnitt mehr Kinder bekommen als andere Gläubige, ist nicht klar. Denn in Deutschland wird nicht erfasst, wer welchem Glauben angehört. Man weiß also auch nicht, ob Christen, Juden oder Muslime den meisten Nachwuchs kriegen.

Klar ist allerdings, dass Islamfeindlichkeit schlimme Folgen haben kann. Rechtsextreme Attentäter berufen sich häufig auf ihren Hass gegen Muslime. → *In Kapitel 4 erfährst du mehr über rechtsmotivierte Straftaten und ihre schlimmen Folgen.*

Juli hält ihr Geschichtsbuch in die Kamera

und verdreht dabei genervt die Augen. „Nationalsozialismus unter Adolf Hitler", lautet die Überschrift der Seite, die sie aufgeschlagen hat. Immer wieder das gleiche Thema, findet Juli. „Im Geschichtsunterricht spricht man über nichts als Nazis, Nazis, Nazis."

Neben Juli reckt sich eine Hand ins Bild und schnipst mit den Fingern. „Frau Lehrerin, Frau Lehrerin", ruft eine Stimme. Juli lacht, dann schwenkt sie die Kamera auf Leo, der neben ihr auf dem Boden sitzt. „Immer lenkst du mich von den Hausaufgaben ab", sagt Juli und zwinkert ihm zu.

Er wolle jetzt einfach mal ein paar Fragen stellen, sagt Leo. „Wieso kann man als Deutscher nicht stolz sein auf sein eigenes Land? Das ist doch alles ewig her mit den Juden. Interessiert doch keinen mehr." Dann grinst er und schaut Juli fragend an.

Antisemitismus

Übersetzt bedeutet Antisemitismus Judenfeindlichkeit. Der Hass gegen Juden nimmt in der Geschichte eine so besondere und tragische Stellung ein, dass er einen eigenen Namen erhalten hat.

Das Wort ist eng mit der Nazizeit verknüpft. Adolf Hitler ließ in den zwölf Jahren, in denen er an der Macht war, sechs Millionen Juden umbringen. Bis heute gilt der sogenannte Holocaust als das schlimmste Verbrechen der deutschen Geschichte. Zuvor hatte Hitler in der Bevölkerung Hass gegen Juden geschürt.

Antisemitismus funktioniert ähnlich wie Rassismus. Hitler behauptete, dass alle Juden schlechte Eigenschaften hätten. Und dass sie ihre Macht nutzten, um Deutschland zu schaden. Bis heute halten sich diese Vorurteile – und richten großen Schaden an.

In Deutschland steigt seit einigen Jahren die Zahl der Straftaten gegen Juden. Im Jahr 2019 etwa gab es 2000 solcher Verbrechen. Vor einer Synagoge in Hamburg, einem jüdischen Gotteshaus, wurde im Herbst 2020 ein junger Gläubiger mit einem Spaten angegriffen. Er musste ins Krankenhaus. Bei dem Täter fand man einen Zettel mit einem Hakenkreuz, ein typisches Nazi-Symbol.

Rund ein Jahr zuvor ereignete sich in Halle ein schlimmer Angriff. Ein schwer bewaffneter Rechtsextremer versuchte, sich Zugang zu einer Synagoge zu verschaffen. Als das nicht klappte, erschoss er zwei Menschen auf offener Straße.

Nicht immer ist es körperliche Gewalt, die gegen Juden gerichtet wird: Auch falsche Behauptungen werden verbreitet. Zum Beispiel, dass der Holocaust gar nicht so schlimm gewesen sei oder sogar gar nicht stattgefunden habe. → *Mehr über die Opfer rechter Ideologie liest du in Kapitel 4.*

Solche Taten sind in Deutschland strafbar. Auch wer den Holocaust leugnet, kann dafür ins Gefängnis kommen. So wie Ursula Haverbeck: Sie ist schon über 90 Jahre alt, der Zweite Weltkrieg begann, als sie zehn war. In einem YouTube-Video behauptete Haverbeck, dass die Nazis gar keine Juden ermordet hätten. Dafür musste sie ein Jahr in Haft. Der Attentäter von Halle, der mehrere Menschen tötete, wurde zu einer lebenslangen Haftstrafe verurteilt.

Wer ist wer?

Für Menschen, die einer rechten Ideologie folgen, gibt es viele unterschiedliche Bezeichnungen. Es ist wichtig, diese Unterscheidung zu machen – oft ist es aber auch schwer, zu erkennen, welche Bezeichnung einen Menschen richtig beschreibt. Denn die Grenzen sind fließend.

Rechtspopulisten sind Menschen, die mit rechten Themen Stimmung machen. Sie können als Politiker arbeiten, Reden auf Demonstrationen halten oder rechte Ideen per YouTube verbreiten. Die Partei AfD ist dafür ein gutes Beispiel: Sie warnt vor einer angeblichen „Islamisierung" Deutschlands und schürt Angst vor Geflüchteten. Das sind typische Themen von Rechtspopulisten.

Rechtsextremisten verbreiten nicht nur rechtes Gedankengut, sie schrecken auch nicht vor dem Einsatz von Gewalt zurück. Sie sind gegen die Demokratie und wollen die Regierung stürzen. Wer beispielsweise eine judenfeindliche oder rassistische Straftat verübt, kann als rechtsextrem bezeichnet werden.

Rechtsradikale vertreten ähnlich extreme Ansichten wie Rechtsextreme. Häufig wird deshalb zwischen den beiden Begriffen nicht groß unterschieden. Während Rechtsextreme die Regierung stürzen wollen, richten sich Rechtsradikale allerdings nicht gegen die demokratische Grundordnung als solche.

Nazis ist eine Abkürzung und steht für Nationalsozialisten. Unter Adolf Hitler verübten die Nationalsozialisten grausame Verbrechen. Heute wird der Begriff „Nazi" oft allgemein für Menschen verwendet, die rechte Überzeugungen haben.

Neonazis bedeutet wörtlich „neue Nazis". Neonazis beziehen ihre Überzeugungen aus der Nazi-Zeit unter Adolf Hitler, die Bewegung bildete sich aber erst nach dem Ende des Zweiten Weltkriegs. Ihre Ideologie ist extrem fremdenfeindlich, ihr Hass richtet sich auch gegen Juden und Menschen mit Migrationshintergrund.

Faschisten lehnen die Demokratie ab und streben eine Diktatur an. In einer Diktatur hat nur ein einziger Mensch die gesamte Macht – wie zum Beispiel Adolf Hitler in der Zeit der Nationalsozialisten. Auch in anderen Staaten gab es diese Herrschaftsform: in Italien unter dem Faschisten Benito Mussolini oder in Spanien unter dem General Francisco Franco.

Der Name **„Neue Rechte"** klingt erst einmal harmlos – so, als habe sie nichts mit den Nazis von früher zu tun. Doch die Mitglieder folgen rechtsextremen Überzeugungen, haben eine rassistische Grundeinstellung und lehnen das Deutsche Grundgesetz ab. Die Identitäre Bewegung zählt zur „Neuen Rechten".

31

Hass auf „die Anderen"

Du hast bestimmt schon erkannt: Das Muster, nach dem rechte Ideologen Menschen ausgrenzen, ist immer das gleiche. Die „Rechten" suchen sich eine Gruppe aus, die eine bestimmte Eigenschaft hat – und behaupten dann, dass alle Menschen aus dieser Gruppe anders und deshalb schlecht seien.

Das gilt aus Sicht der rechten Ideologen auch für Menschen mit Behinderung. Während der Nazizeit wurden schlimme Verbrechen an Menschen begangen, die zum Beispiel eine psychische Krankheit oder eine körperliche Einschränkung hatten. In Krankenhäusern wurden grausame Experimente an ihnen durchgeführt – sehr viele Menschen starben. Bis heute hält sich in rechten Kreisen der Glaube, dass ein Leben mit Behinderung nicht lebenswert sei.

Auch Homosexuelle und Menschen mit einer anderen sexuellen Orientierung außerhalb einer Beziehung zwischen Frau und Mann werden von rechten Ideologen diskriminiert. Dahinter steht der verquere Gedanke, dass nur Beziehungen etwas Wert sein sollen, die der Tradition entsprechen. Dabei ist in Deutschland alles erlaubt: Zum Beispiel kann eine Frau eine Beziehung mit einer Frau haben oder sie heiraten. Manche Menschen wollen gar keinem Geschlecht zugeordnet werden oder ihr Geschlecht wechseln – auch das ist völlig in Ordnung.

Unter der Herrschaft Adolf Hitlers wurden auch andere Minderheiten verfolgt. Zum Beispiel Menschen, die keinen dauerhaften Wohnsitz hatten, sondern mit ihren Familien umherzogen. Sie gehörten meist zu den Volksgruppen Sinti und Roma. Viele tausend von ihnen wurden in die Konzentrationslager der Nazis gebracht und mussten dort Zwangsarbeit verrichten. Die meisten von ihnen starben.[2]

„Das ist schon krass, was die Nazis gemacht haben", sagt Juli und schaut Leo herausfordernd an. Die beiden sitzen immer noch in Julis Zimmer, neben Juli liegt das Geschichtsbuch auf dem Boden. Ihr neues Video trägt den Titel „Beef mit Leo – wegen Nazis". Innerhalb weniger Stunden schauen es mehr als 40.000 Menschen an.

Leo schüttelt den Kopf und grinst sie an. „Du darfst nicht alles glauben, was man dir erzählt", sagt er dann. Es gebe viele Geschichten, von denen die meisten Menschen keine Ahnung hätten. „Wir dürfen halt nicht frei unsere Meinung sagen", meint Leo. „Sonst wüssten viel mehr Leute Bescheid."

Meinungsfreiheit

Jeder Mensch darf in europäischen Ländern und der Schweiz frei sagen, was er oder sie denkt. Das steht sogar in der Charta der Grundrechte der Europäischen Union. Dort heißt es: „Jede Person hat das Recht auf freie Meinungsäußerung." Die Meinungsfreiheit ist damit ganz besonders geschützt.

Auch die Presse – also Radio, Fernsehen und Zeitungen – darf über jedes Thema berichten, ohne dass der Staat ein Mitspracherecht hat. Das ist mit Blick auf die Meinungsfreiheit besonders wichtig: Denn Medien informieren zum Beispiel darüber, wenn Politiker Fehler machen. Das kann darüber entscheiden, ob sie beim nächsten Mal wiedergewählt werden. Wenn die Menschen darüber nicht Bescheid wüssten, könnten sie sich keine eigene Meinung zu der Sache bilden.

Rechte Ideologen behaupten oft, dass es keine Meinungsfreiheit gebe. Sie meinen, dass sie sich nicht frei äußern dürften. Meistens widersprechen sie sich damit selbst: Wenn diese Behauptung stimmen würde, dürften sie schließlich keine Demonstrationen abhalten oder ihre Ideen in rechten Zeitschriften verbreiten. Beides passiert aber regelmäßig.

Trotzdem hat selbst die Meinungsfreiheit Grenzen: Etwa, wenn jemand zu Gewalt aufruft. Oder behauptet, dass die Nazis unter Adolf Hitler keine Straftaten begangen hätten. Dafür kann derjenige auch vor Gericht verurteilt werden.

Verschwörungs- erzählungen

Die Berichte von Rassismus und Antisemitismus oben zeigen: Rechte Ideologen machen es sich einfach. In ihrer Welt gibt es die Guten und die Bösen – und man kann sie leicht erkennen. Zum Beispiel an äußeren Merkmalen wie ihrer Hautfarbe oder einem religiösen Kleidungsstück, einem Kopftuch etwa oder einer jüdischen Kippa. Der Feind, den es aus Sicht der „Rechten" zu bekämpfen gilt, ist damit eindeutig auszumachen.

Besonders in unsicheren Zeiten haben einfache Erklärungen und Feindbilder eine große Anziehungskraft auf Menschen. Man muss sich dann nicht mehr mit der komplizierten Realität auseinandersetzen.

Die Coronakrise ist dafür ein gutes Beispiel. Ein winziges, unsichtbares Virus hat innerhalb kurzer Zeit die ganze Welt lahmgelegt. So etwas gab es vorher noch nie – und niemand wusste ganz genau, was geschehen würde. Zu Beginn der Pandemie war vieles unklar: Wie verbreitet sich das Virus? Wie tödlich ist es? Sollten Schulen geöffnet bleiben oder lieber schließen?

Das sind große und schwierige Fragen, die viel Unsicherheit mit sich bringen. Die „Rechten" nutzen das für sich. Denn wer ihrer Ideologie folgt, hat es leicht. Er muss nicht verstehen, wie das Coronavirus funktioniert, welche Maßnahmen sinnvoll sind und was jeder Einzelne dagegen tun kann. Er kann einfach auf die anderen schimpfen, die angeblich an allem schuld sind. Deshalb steigen in Krisenzeiten die Mitgliederzahlen von rechten Parteien und Organisationen meist besonders stark.

Die rechtspopulistische Partei AfD gewann einen Großteil ihrer Anhänger, nachdem im Herbst 2015 viele Geflüchtete nach

Deutschland kamen. Fast 10.000 Menschen traten der Partei bei, rund ein Drittel aller AfD-Mitglieder. Zwar war Deutschland da nicht wirklich in einer Notlage – aber die Politiker von der AfD erzählten immer wieder von der „Flüchtlingskrise", die das Land angeblich bedrohte. Bis die Menschen ihnen glaubten.

Um ihre Ideen zu stützen, verbreiten rechte Ideologen sogenannte Verschwörungserzählungen. Geläufiger ist es, von Verschwörungstheorien zu sprechen, der Begriff ist aber eigentlich nicht ganz richtig. Denn eine Theorie ist etwas, was sich wissenschaftlich belegen oder hinterfragen lässt. Verschwörungserzählungen dagegen beruhen auf falschen Behauptungen – oder solchen, die sich nicht überprüfen lassen.

Das Muster hinter diesen Erzählungen ist immer gleich: Es wird behauptet, dass eine böse Macht im Geheimen etwas plant, das die Menschen nicht erfahren sollen. Das kann zum Beispiel die Regierung sein oder ein reicher Mensch. In der Coronakrise verbreitete sich die Verschwörungserzählung, dass Bill Gates die ganze Menschheit zu einer Impfung zwingen wollte. Bill Gates ist einer der reichsten Männer der Welt.

Diejenigen, die von sich selbst glauben, den Geheimplan durchblickt zu haben, nennen sich dann zum Beispiel die „Aufgewachten". Sie meinen, es als Einzige verstanden zu haben. Auch rechte Ideologen setzen auf diese Strategie: Sie behaupten zum Beispiel, die Regierung plane hinter dem Rücken der Menschen einen großen Austausch der Bevölkerung und habe sich gegen das Volk verschworen.

Klingt absurd? Stimmt, trotzdem finden rechte Ideologen zurzeit immer mehr Anhänger. → *In Kapitel 3 liest du mehr zu Verschwörungserzählungen und wie man sie widerlegen kann.*

Warum machen Menschen so was?

Sicher geht es dir auch so, dass du nur schwer verstehen kannst, wie Menschen so etwas tun können. Vielleicht magst du dir gar nicht vorstellen, dass jemand einem anderen Leid antut, nur weil derjenige ein bestimmtes Aussehen hat oder einer bestimmten Religion angehört.

Es gibt keine einfache Antwort auf die Frage, warum jemand zum rechten Ideologen wird und sogar Straftaten begeht. Eins aber ist sicher: Niemand wird von heute auf morgen rechtsextrem. Meist ist es eine langsame Entwicklung, die Monate oder Jahre dauern kann. Am Anfang stehen die rechten Ideen, die mit der Zeit immer stärker werden.

Diese Ideen sind heute in der Bevölkerung weit verbreitet. Es gibt Parteien, die damit viele Wähler überzeugen, wie etwa die AfD. Es finden auch große Demonstrationen gegen die Aufnahme von Geflüchteten oder die angebliche Islamisierung Europas statt, organisiert werden die zum Beispiel von rechten Netzwerken wie Pegida. Experten sprechen davon, dass rechte Themen wieder „salonfähig" geworden sind – man kann also öffentlich über sie sprechen, ohne dass alle einen komisch anschauen.

Dass Menschen sich rechten Gruppierungen anschließen oder ihre Erzählungen verbreiten, hat ganz unterschiedliche Gründe. Oftmals hat es etwas mit der eigenen Situation zu tun. Wer zum Beispiel mit sich selbst unzufrieden ist, kann eher für rechte Ideen anfällig sein – denn die Ideologie baut darauf, dass andere weniger wert sind als man selbst. Es kann ein erleichterndes Gefühl sein, auf andere zu schimpfen und ihnen die Schuld an der eigenen Situation zu geben. Es ist dann nicht mehr der eigene Fehler, dass man in der Schule Probleme hat oder keine Freunde findet.

In einer rechten Kameradschaft oder einer Gruppe der Identitären Bewegung finden die Mitglieder Zusammenhalt. Dafür reicht eine einzige Tatsache: Sie bekennen sich alle zur rechten Ideologie. Dazuzugehören ist plötzlich ganz leicht. Man darf auch mal Verbotenes tun und Tabus brechen – das kann ziemlich verlockend sein.

Christoph Sorge gehörte viele Jahre einer rechten Kameradschaft an, schon als Kind stieg er in die Szene ein. Hier erzählt er davon, wieso die Kameradschaft so anziehend für ihn war – und wie schwer es ihm fiel, sich davon loszusagen.

Christoph Sorge: Wie ich rechts wurde und wieder raus kam

„Mein Einstieg in die rechte Szene begann früh, und ich merkte erst mal nichts davon. Als ich neun Jahre alt war, hatte ich einen älteren Freund, der mir bei den Hausaufgaben half. Ich fand ihn cool, er war schon 16 Jahre alt und ein Vorbild für mich. Ich hatte Probleme in der Schule, konnte wegen einer Lese-Rechtschreib-Schwäche nur sehr langsam Texte verstehen. In der Schule hatte ich nie Freunde, ich fand dort nichts interessant.

Mein Freund traf sich mit mir und übte mit mir Lesen und Schreiben. Was ich damals nicht verstand: Das Buch, das wir für die Übungen nutzten, war von einem Nazi geschrieben. Es ging um die Erlebnisse eines Soldaten im Ersten Weltkrieg.

Irgendwann nahm mich mein Freund dann in den sogenannten Club mit, einen umgebauten Bauernhof. Es war ein Treffpunkt der rechten Szene. Ich liebte Tiere, dort hielten sie Hunde, Katzen und Hängebauchschweine. Ein Haufen Kinder und Jugendlicher kümmerte sich um die Tiere, das faszinierte mich. Es gab immer warmes Essen, das war bei mir zu Hause nicht der Fall. Meine Eltern arbeiteten im Schichtdienst und waren oft nicht da, wenn ich aus der Schule kam. Außerdem gab es eine Bibliothek mit Büchern, die man nirgendwo sonst bekam, weil sie verboten waren. Ich hatte das Gefühl, endlich Freunde gefunden zu haben und kam immer häufiger.

Ich wurde schnell zu einem Mitglied der Szene und identifizierte mich mit der Ideologie. Heute ekelt sie mich an, aber damals sagte mir die klare Hierarchie zu, Werte wie Ehre und Treue waren mir sehr wichtig. Ich hatte das Gefühl, dass nur in der rechten Kameradschaft wirklich darauf geachtet wurde. Erst später habe ich verstanden, um welchen Preis das geschah.

Mit meiner Familie habe ich ein Parallelleben geführt. Meine Eltern wussten zwar, dass ich rechts bin, aber Details kannten sie nicht. Wir haben auch darüber gestritten, denn meine Eltern hatten andere politische Vorstellungen. Aber wirklich erreicht haben sie mich nicht. In der Schule hat ein Mal eine Lehrerin in der siebten Klasse darauf hingewiesen, dass ich leichte rechtsextreme Tendenzen hätte. Auch das hatte keine Folgen.

Als ich älter wurde, war ich für die Rekrutierung von Nachwuchs für die Kameradschaft zuständig. Wir gründeten dafür einen Aktionskreis und versuchten gezielt, Schüler vom Gymnasium anzuwerben. Die meisten Mitglieder der rechten Szene sind nicht besonders intelligent. Wir wussten aber, dass wir kluge Köpfe brauchen.

Um das Niveau nach oben zu schrauben, kontrollierten wir die Zeugnisse der neuen Mitglieder und überprüften auch ihre Hausaufgaben. Es galt die Regel: Sie mussten mindestens drei Mal in der Woche zu uns kommen und gut in der Schule sein, sonst flogen sie schnell wieder raus.

Der menschliche und soziale Aspekt hat dabei zu keiner Zeit eine Rolle gespielt. Wenn jemand nicht so funktionierte, wie wir uns das vorstellten, wurde er einfach fallen gelassen. Es wurde erwartet, dass man sich selbst für die Ideologie komplett aufgab. Wer das nicht tat, war sofort unten durch. Echte Freundschaften waren deshalb nicht möglich. Denn dabei geht es ja gerade darum, dass man sich gegenseitig auffängt und vertraut.

Wirklich verstanden, dass etwas ganz falsch läuft, habe ich trotzdem erst mehrere Jahre später. Im Februar 2012 hatten einige Kameraden und ich eine Diskussion über den Tag X. Seit Jahrzehnten erzählen Nazis innerhalb der Szene von der großen Revolution. An diesem Tag X wollen sie die Herrschaft über Deutschland übernehmen.

Wir sprachen über den Ablauf dieses Tages, es ging um die Frage, was wir mit unseren politischen Feinden machen. Das sollten im Grunde alle Menschen sein, die das demokratische System aufrechterhalten: Lehrer, Sozialarbeiter und Politiker zum Beispiel.

Wir sprachen über die Kosten der Revolution. Aus heutiger Sicht sind das absurde Gedanken, aber damals klangen die Fragen für mich normal. Wie töten wir sie? Was kostet eine Kugel? Was die Patronen? So haben wir geredet, total ekelhaft. Irgendwann fragte ein junger Mann, wie wir mit unseren eigenen Eltern umgehen sollten. Und die Antwort war: Da gibt es zwei Möglich-

keiten, Folter oder Strick. Es wurde erwartet, dass wir unsere Mutter und unseren Vater quälen oder umbringen. Da habe ich gemerkt, wie sehr ich und alle anderen verarscht wurden. Ich bin aufgestanden und gegangen.

An diesem Tag begann mein Ausstieg aus der Szene. Erst habe ich noch versucht, mit anderen Kameraden über meine Zweifel zu sprechen und sie von meinen Ansichten zu überzeugen. Obwohl ich um die 50 Leute ansprach, fand ich niemanden, der meine Meinung teilte. Geholfen hat mir am Ende eine Journalistin. Sie hinterfragte meine Ansichten konsequent und vermittelte mich an ein Aussteigerprogramm.

Am schwierigsten war für mich, die Ideologie zu überwinden. Wenn du aus der rechten Szene aussteigst, musst du alles hinter dir lassen: dein gesamtes soziales Umfeld, all jene, die du für Freunde gehalten hast, aber eben auch dein Weltbild. Da brach alles für mich zusammen. Ich hatte Albträume und habe darüber nachgedacht, mir das Leben zu nehmen.

Fünf Jahre habe ich gebraucht, um wirklich auszusteigen. Ich bin jetzt 33 Jahre alt, 16 davon war ich in der rechten Szene. Das ist fast die Hälfte meines Lebens. Heute erzähle ich an Schulen über meinen Ausstieg. Ich hoffe, so ein paar Menschen vor der rechten Ideologie schützen zu können."

Christoph Sorge, der Junge aus der Erzählung, hat erst gar nicht bemerkt, dass ihn „Rechte" für ihre Vereinigung anwarben. Er hat sich wohlgefühlt in der Gemeinschaft, endlich hatte er Freunde. Und als er es begriffen hatte, hat ihn die rechte Ideologie sogar fasziniert. Erst spät hat er erkannt, welche grausamen Dinge die Mitglieder der Kameradschaft im Sinn hatten – und wie falsch die rechten Ideen sind. Kannst du nachvollziehen, wie Christoph Sorge in die rechte Szene hineingerutscht ist? Vielleicht hast du auch schon einmal bei etwas mitgemacht, nur weil du dazugehören wolltest. Das geht ganz schnell: Wir melden uns für eine Sportgruppe an, nur weil unsere Freunde da auch sind. Oder wir machen mit, wenn ein Mitschüler gemobbt wird. Hinterher bereuen wir vielleicht unsere Entscheidung, aber dann ist es gar nicht so einfach, sie wieder rückgängig zu machen.

Kapitel 3

Der öffentliche Auftritt: Wie „Rechte" die Verbreitung ihrer Ideologie befördern

„Ich habe echt genug", schreibt Juli auf Instagram. Auf dem Foto zu ihrem Post trägt sie eine hellblaue Maske, darauf hat sie ein rotes Kreuz gemalt. „Mehr dazu in meiner Story", schreibt sie dazu.

In mehreren kurzen Videos erklärt Juli, dass sie keine Lust mehr hat, eine Maske zu tragen. Corona hin oder her. Überall muss sie den Mund-Nasen-Schutz momentan aufsetzen: Wenn sie in die Schule geht, wenn sie in den Supermarkt will, selbst beim Besuch bei Oma im Altenheim. Das nervt gewaltig, findet Juli.

„Dabei habe ich gehört, dass die überhaupt nichts bringen", sagt Juli in die Kamera. Das habe Leo ihr erzählt. Und man könne das auch im Internet nachlesen. „Diese Masken können sogar richtig krank machen!"

Achtung, Fake News

Es ist nur eine kurze Meldung, die die Zeitung „Die Rheinpfalz" am 7. September 2020 veröffentlicht – aber sie liest sich schrecklich. „13-Jährige bricht in Schulbus zusammen und stirbt", lautet der Titel.[3] Ein junges Mädchen ist auf dem Nachhauseweg im Schulbus kollabiert, später starb sie im Krankenhaus, heißt es darin. Der Text ist Ausgangspunkt für eine der wohl am häufigsten verbreiteten Falschnachrichten 2020.

Es dauert nicht lange, bis die Meldung in den sozialen Medien kursiert – nun aber in einer längeren Version, die plötzlich eine ganz andere Aussage macht. Das Mädchen habe wegen der Coronapandemie eine Maske getragen und sei deswegen gestorben, behaupten Nutzer. Die 13-Jährige sei quasi erstickt, hätte zu wenig Sauerstoff einatmen können. Sogar Ärzte aus dem Klinikum, in dem das Mädchen starb, hätten das bestätigt. Diese Meldung wird zehntausendfach auf Facebook und Twitter geteilt.

Nur einige Tage später wird – ebenfalls in den sozialen Medien – von einem weiteren Fall berichtet. Dieses Mal sei ein 13-jähriger Junge gestorben, während er einen Mund-Nasen-Schutz trug. Kurz darauf heißt es, eine Sechsjährige aus Schweinfurt sei bei einer Fahrt im Schulbus zusammengebrochen. Auch sie soll laut den Verfassern der Nachrichten eine Maske getragen haben und daran gestorben sein.

Das Problem: Keine dieser Behauptungen stimmt. Es gab keine Beweise, dass diese Kinder wegen ihren Masken zusammengebrochen sind. Mediziner halten einen Mund-Nasen-Schutz im Allgemeinen für völlig ungefährlich, auch schon Grundschüler könnten ihn tragen.

Doch obwohl sich irgendwann sogar die Polizei auf Twitter zu den Fällen äußerte und die Meldungen als falsch entlarvte, verbreiteten sich diese in den sozialen Medien weiter. Maskengegner behaupteten dort, dass es für Kinder gefährlich sei, eine Mund-Nasen-Bedeckung zu tragen. Als angeblichen Beweis nannten sie weiter die Fälle der Mädchen und Jungen, die ihrer Meinung nach wegen der Maske gestorben sein sollen.

Das ist gefährlich, weil einige Leute das tatsächlich glauben – und in der Folge natürlich verhindern wollen, dass ihre Kinder Masken tragen. Dabei bewirkt ein Mund-Nasen-Schutz in Wahrheit das genaue Gegenteil: Er schützt den Träger und seine Mitmenschen vor einer Übertragung des Virus.

Die Fälle zeigen, wie schnell sich Fake News verbreiten, zu Deutsch Falschnachrichten. Und wie gefährlich sie sind.

Vielleicht fragst du dich jetzt: Warum verbreiten Menschen Fake News? Falschnachrichten funktionieren meist so gut, weil sie die Gefühle der Menschen ansprechen. Artikel, die Menschen wütend oder ängstlich machen, verbreiten sich besonders schnell im Netz. Das haben Wissenschaftler herausgefunden.Sicher hast du auch schon erlebt, dass es in deiner Klasse Gerüchte gab, die sich später als falsch herausgestellt haben. Zum Beispiel, was ein Mitschüler angeblich über jemand anderen gesagt haben soll. Manchmal kann es ziemlich schwer sein, einzuschätzen, ob diese Gerüchte stimmen oder nicht. Zwar sind sie nicht so gefährlich wie Falschnachrichten, aber sie funktionieren ganz ähnlich.

Hättest du's geglaubt? Wie du Fake News erkennst

1. Überprüfe die Quelle der Nachricht. Frage dich: Wer hat das behauptet? Wenn ein Freund per WhatsApp eine Nachricht schickt, möchte man ihm gern glauben – schließlich vertraut man seinen Freunden. Trotzdem könnte er oder sie unrecht haben und selbst einer Falschnachricht aufgesessen sein. Sei besonders bei Nachrichten kritisch, die dich über die sozialen Medien erreichen.

2. Forsche nach. Frage dich: Wer berichtet noch über diese Neuigkeit? Schau dir an, wie große Medien darüber schreiben. Tagesschau.de, Spiegel.de oder Sueddeutsche.de sind zum Beispiel vertrauenswürdige Nachrichtenseiten. Dort arbeiten ausgebildete Journalisten, die jede Nachricht vor der Veröffentlichung genau prüfen. Wenn große Medien nicht über die Neuigkeit schreiben, konnten sie wahrscheinlich keine sichere Quelle dafür finden – und haben lieber auf eine Veröffentlichung verzichtet.

3. Traue deinem Bauch. Frage dich: Kann das überhaupt sein? Dabei gilt die Regel: Je brisanter die Nachricht ist, desto besser muss die Quelle sein. Wer also etwa behauptet, dass Kinder wegen der Maske sterben, kann als Beweis nicht nur einen anonymen Arzt zitieren. Sondern muss zum Beispiel wissenschaftliche Studien von anerkannten Forschungseinrichtungen vorlegen.

Wie Rechte Fake News nutzen

In den sozialen Medien dürfen alle alles schreiben. Das ist erst einmal großartig, denn jeder kann seine Meinung kundtun und mit anderen darüber diskutieren. Es ist aber auch besonders einfach, falsche Inhalte zu verbreiten. Und manchmal ist es schwer, zu erkennen, wer recht hat.

Meist sind Fake News leicht zu enttarnen, wenn man sie kritisch hinterfragt. Wenn Masken wirklich so schädlich wären, wie ihre Gegner behaupten, hätten schon viele Ärzte an Sauerstoffmangel sterben müssen – denn sie tragen den Mund-Nasen-Schutz seit Jahrzehnten auch während langer Operationen.

Rechte Ideologen nutzen Falschnachrichten trotzdem sehr erfolgreich. Sie setzen sie gezielt ein, um Menschen zu verunsichern und Angst und Hass zu verbreiten.

Ein Beispiel ist die erfundene Erzählung zum Weihnachtsgeld für Geflüchtete. Sie tauchte zum ersten Mal im Jahr 2018 auf. Damals teilten Nutzer einen Artikel in den sozialen Medien: „700 Euro Weihnachtsgeld für Flüchtlinge", lautete die Überschrift. Der Text behauptete, dass Geflüchtete in Deutschland zu Weihnachten viel Geld erhielten. Mit dem Geld kauften sie angeblich Geschenke für ihre Familien im Ausland.

Die Geschichte ist frei erfunden.[4] Dennoch verbreitete auch sie sich millionenfach über Twitter, Facebook und Co. Viele Nutzer reagierten wütend darauf: Sie hatten das Gefühl, dass Geflüchtete Geld geschenkt bekamen. Und es dann für Dinge ausgaben, die sie gar nicht wirklich brauchten. Das fühlte sich ungerecht an. Die Leute, die die Geschichte glaubten, wurden wütend.

Es half auch nichts, dass die Meldung schnell als Fake News enttarnt wurde. Sogar die Bundesregierung schaltete sich ein und schrieb in einer Erklärung: „Flüchtlinge erhalten kein Weihnachtsgeld. Es handelt sich hierbei um eine Falschmeldung." Doch im nächsten Jahr war die Erzählung in der Weihnachtszeit wieder eine der meist verbreiteten Falschmeldungen.

Rechten Ideologen spielt das in die Hände. Mit einer solchen Erzählung schaffen sie es, Hass zu schüren – zum einen gegen die Geflüchteten selbst, die angeblich bevorzugt behandelt werden. Zum anderen auch gegen die Regierung, die laut ihrer Erzählung Geld für Geflüchtete ausgibt, die das gar nicht bräuchten.

Die Geschichte passt in das Weltbild rechter Ideologen. Viel wichtiger aber: Sie finden auf diese Weise neue Anhänger. Wer einer solchen Geschichte glaubt, folgt bald vielleicht rechten Influencern. Vielleicht schließt er sich auch einer Demo gegen Geflüchtete an. Oder tritt in eine rechte Partei ein.

Warum sprechen wir überhaupt von „rechts"? Die politischen Parteien

In Deutschland gibt es über 60 Parteien. Die größten von ihnen bestimmen die Politik, die SPD zum Beispiel, die Grünen oder die CDU. Ihre Vertreter sitzen im Bundestag in Berlin oder in den Parlamenten der Bundesländer. Alle Bürgerinnen und Bürger dürfen mitentscheiden, welche Partei wie viel Macht hat. Dafür gibt es in regelmäßigen Abständen Wahlen, bei denen jeder Staatsbürger ab 18 Jahren abstimmen darf.

Jede Partei steht für bestimmte Ideen. Die Grünen zum Beispiel wollen die Umwelt schützen. Die CDU will als Volkspartei möglichst viele Menschen erreichen. Je nachdem, welche Überzeugungen eine Partei vertritt, wird sie dem rechten oder linken Spektrum zugeordnet. An diesem Schema orientiert sich auch die Sitzordnung im Deutschen Bundestag: Vom Rednerpult aus gesehen sitzen links die Mitglieder von Parteien, die eher linke Ideen vertreten. Und rechts diejenigen, die eher rechte Ideen haben. Je weiter außen die Mitglieder sitzen, desto eindeutiger kann man diese Ideen zuordnen.

Die Parteien wollen – mit wenigen Ausnahmen – aber eigentlich lieber nicht in diese Kategorien eingeordnet werden. Sie glauben, dass es bei den Wählerinnen und Wählern nicht gut ankommt, wenn sie als „rechts" oder „links" wahrgenommen werden. Sie benutzen deshalb andere Worte, um ihre politische Ausrichtung zu beschreiben.

Die CDU etwa zählt sich zur „politischen Mitte". Ihre Mitglieder sitzen im Bundestag tatsächlich ziemlich mittig – aber eher auf der rechten Seite. Anhänger der CDU sagen meist von sich selbst, dass sie konservativ sind. Das bedeutet, dass sie vieles gut so finden, wie es früher war – eine Idee, der auch rechte Ideologen folgen. Trotzdem würden wohl die meisten CDU-Mitglieder bestreiten, „rechts" zu sein.

Wie bei einem einzelnen Menschen ist es also auch bei Parteien nicht ganz einfach zu sagen: Das ist eine rechte Partei. Bei einigen Parteien bestehen jedoch keine Zweifel. Unter ihnen ist die AfD am bekanntesten. Sie hat in den vergangenen Jahren viele Wählerstimmen hinzugewonnen.

Hier findest du einen Überblick über die rechten Parteien, die es in Deutschland gibt. Dazu gehört eine Reihe von sehr kleinen Parteien. Die Partei Die Rechte hat nur rund 600 Mitglieder. Diese gelten allerdings als gewaltbereit und gefährlich. Die Partei wird deshalb in Nordrhein-Westfalen vom Verfassungsschutz beobachtet. Ihr politischer Schwerpunkt ist Fremdenfeindlichkeit. Auch die Partei Der III. Weg (sprich: „der dritte Weg") hat nur etwa 500 Mitglieder. Sie ist eine Neonazi-Partei, auch ihre Mitglieder gelten als extrem gewaltbereit. Andere rechte Parteien sind besser bekannt.

NPD

Die NPD nennt sich selbst „Nationaldemokratische Partei Deutschlands", aber mit Demokratie haben ihre Vorstellungen nicht viel zu tun. Sie ist eine der größeren Parteien am rechten Rand des politischen Spektrums und gilt offiziell als rechtsextrem. Ihre Ideen sind feindlich gegenüber Menschen, die anders denken als sie selbst oder ein bestimmtes Aussehen haben, das den NPD-Mitgliedern nicht gefällt.

Zwei Mal wurde versucht, die NPD zu verbieten – und beide Male hat es nicht geklappt. Verboten werden kann eine Partei in Deutschland, wenn sie die Demokratie gefährdet. Es ist sehr schwer, das nachzuweisen. In der Geschichte der Bundesrepublik ist das erst zwei Mal vorgekommen.

Beim ersten Versuch, die NPD zu verbieten, entschied ein Gericht gegen das Verbot. Das war im Jahr 2001. Die Beweise, die der Verfassungsschutz gegen die NPD lieferte, waren aus Sicht des Gerichts nicht gut genug.

Das kam so: Der Verfassungsschutz hatte Spione in die Partei eingeschleust, sogenannte V-Leute. Sie sollten beobachten, was in der Partei geschieht, ihre Informationen sollten vor Gericht die rechtsextreme Ausrichtung beweisen. Doch das Gericht traute den Berichten der V-Leute nicht. Es verlangte vom Verfassungsschutz, die Namen der V-Leute herauszugeben. Das lehnte der Verfassungsschutz ab, das Verfahren wurde eingestellt.

Beim zweiten Mal reichten die Bundesländer einen Verbotsantrag gegen die NPD ein. Im Januar 2017 entschieden die Richter, dass die NPD eine verfassungsfeindliche Gesinnung hat. Da sie aber politisch nicht bedeutend genug sei, um die Demokratie in Deutschland in Gefahr zu bringen, wurde die Partei auch dieses Mal nicht verboten.

Alternative für Deutschland

Im Vergleich zu anderen deutschen Parteien ist die AfD noch jung. Sie wurde 2013 gegründet, ihr Name bedeutet Alternative für Deutschland. Zu Beginn war die rechte Ausrichtung der Partei noch nicht so leicht zu erkennen: Die Gründer der Partei waren gegen den Euro. Sie dachten, dass er die Wirtschaft kaputt mache, und wollten, dass einige europäische Länder aus dem Euro austreten.

Die AfD hatte auf Anhieb viel Erfolg bei den Wählerinnen und Wählern, besonders in den ostdeutschen Bundesländern. Heute ist sie die wohl umstrittenste Partei in Deutschland.

Denn inzwischen ist die AfD für andere Themen als damals bekannt: Sie will zum Beispiel verhindern, dass Geflüchtete nach Deutschland kommen. Sie findet auch, dass der Islam nicht Teil des Religionsunterrichts an Schulen sein sollte. Immer wieder sorgen Mitglieder der Partei mit rechten Aussagen für Aufsehen. Alexander Gauland, einer der Gründer und späterer Bundesvorsitzender der Partei, verharmloste den Mord an Millionen von Menschen durch die Nazis. Die Zeit des Nationalsozialismus sei nur ein „Vogelschiss" in der deutschen Geschichte, sagte er auf einer Veranstaltung.

Weil die Ansichten vieler AfD-Mitglieder immer radikaler werden, beobachtet der Verfassungsschutz die Partei ganz genau. Die Aufgabe des Verfassungsschutzes ist es, die Demokratie in Deutschland zu schützen. Er überprüft, ob Teile der AfD der Demokratie und dem Grundgesetz feindlich gegenüberstehen und bereit sind, auch Gewalt anzuwenden.

Die AfD ist auch bei jungen Menschen erfolgreich. Sie hat eine eigene Jugendorganisation, die „Junge Alternative für Deutschland", kurz JA.

Die JA ist in den sozialen Medien sehr aktiv und wirbt dort auch um neue Mitglieder. In mehreren Bundesländern beobachtet der Verfassungsschutz die JA, weil sich die Organisation zum Beispiel gegen Geflüchtete und Homosexuelle richte und der rechtsextremen Szene nahestehe. → *Mehr über den Verfassungsschutz und seine Aufgaben liest du in Kapitel 4.*

Warum sind Fake News so gefährlich?

Rechte Influencer gehen bei der Verbreitung von Falschnachrichten geschickt vor. Sie teilen ihre Ideen meist so, dass man sie dafür kaum angreifen kann. Kritische Themen besprechen sie zum Beispiel in einer Insta-Story oder einem Video auf Tik-Tok, die nach kurzer Zeit nicht mehr abrufbar sind. So wird es schwer, sie zu belangen – denn es gibt keine Beweise für ihr Verhalten.

Auch private Chats auf WhatsApp oder dem Messenger-Dienst Telegram sind beliebt. Was dort geschrieben wird, ist geheim und kann kaum überwacht werden. Die Mitglieder dieser Chats werden zum Beispiel über YouTube angeworben – dort erscheint der rechte Influencer in seinen Videos noch ganz gemäßigt und sagt nichts Verbotenes. Im privaten Chat teilt er dann aber verbotene Symbole und Hasskommentare.

„Rechte" schaffen es so, eine große Anzahl an Menschen mit ihren Ideen zu erreichen. Mit einer steilen These, die Wut oder Angst bei den Menschen auslöst, sammeln Fake News schnell tausende oder sogar Millionen Likes.

Das war nicht ganz so einfach, bevor es die sozialen Medien gab. Damals verbreiteten sich Nachrichten hauptsächlich über die traditionellen Medien, also etwa über Radio, Fernsehen oder in der gedruckten Zeitung. Journalistinnen und Journalisten kontrollierten die Veröffentlichungen. Und sie achteten darauf, dass die Nachrichten der Wahrheit entsprachen. In den sozialen Medien fehlt diese Kontrolle.

Man könnte meinen, dass Fake News nur online Schaden anrichten, schließlich werden sie dort gelesen, geteilt und geliked. Aber die Erzählungen haben auch in der echten Welt Folgen. Denn sie verändern unsere Wahrnehmung – und zwar nicht nur bei denen, die daran glauben.

Fake News sind besonders gut darin, Zweifel zu säen. Beim ersten Mal klicken wir die Nachricht auf Facebook vielleicht noch weg, die vor der Gefahr von Masken für Kinder warnt. Vielleicht auch beim zweiten und sogar beim dritten Mal. Trotzdem: Wenn nun über Maskenpflicht an Schulen diskutiert wird, sind wir nicht mehr ganz unvoreingenommen.

Denn selbst wenn wir eigentlich nicht glauben, dass Masken für Kinder gefährlich sein könnten – unser Gehirn speichert die Information dennoch ab. Und fragt sich plötzlich: Kann da nicht doch etwas dran sein?

Diese Art der Falschnachrichten kann dazu führen, dass Menschen auch an anderer Stelle plötzlich zweifeln. Wenn Masken tatsächlich für Kinder gefährlich sind, warum tut die Politik dann nichts? Und wieso berichten die großen Medien nicht über die Fälle der angeblich verstorbenen Kinder?

Tatsächlich wirft etwa jeder fünfte Bürger in Deutschland den Medien vor, die Bevölkerung systematisch zu belügen. Und auch das Vertrauen in Politiker sinkt seit Jahren. Diese anfänglichen Zweifel können rechte Gruppierungen ausnutzen, um Menschen von ihren eigenen Ideen zu überzeugen. Sie stellen sich dann als diejenigen dar, die die Wahrheit sagen. Und haben es von nun an leicht, ihren Unterstützern immer verrücktere Geschichten aufzutischen.

Das liegt auch daran, dass die „Rechten" ganz alltägliche Dinge beeinflussen – zum Beispiel wie wir sprechen. Im Jahr 2015 kamen besonders viele Schutzsuchende nach Deutschland. Die meisten Geflüchteten kamen aus Syrien, dort herrschte Bürgerkrieg. Die Menschen fürchteten um ihr Leben und flohen auf häufig lebensgefährlichen Wegen aus ihrer Heimat.

Rechte Ideologen waren entsetzt: Sie vermuteten, dass unter den Schutzsuchenden Gewalttäter seien. Außerdem glaubten sie, dass viele Geflüchtete nur nach Deutschland kamen, um sich hier ein schönes Leben zu machen – und eigentlich gar keine Hilfe brauchten. Beweise dafür hatten sie zwar nicht, trotzdem verbreiteten sich diese Nachrichten als Fake News schnell in den sozialen Medien.

Wie sehr sich die Ideen auch im Rest der Bevölkerung verbreiteten, zeigt sich noch heute in unserer Wortwahl: Der Begriff „Flüchtlingswelle" etwa ist eindeutig von rechtem Gedankengut geprägt. Das Wort vergleicht die Geflüchteten mit einer Naturgewalt, gegen die man sich kaum schützen kann. Dabei handelt es sich um Menschen, die Schutz suchen. Dennoch benutzen Menschen dieses Wort ganz selbstverständlich.

Auch das Wort „Asyltourismus" gehört in diese Kategorie. Der damalige bayerische Ministerpräsident Markus Söder sagte zum Beispiel 2018: „Wir müssen endlich den Asyltourismus in Europa beenden." Er meinte damit, dass Geflüchtete nur in dem EU-Land Asyl beantragen dürfen, in dem sie zuerst angekommen sind. Wer in Italien mit einem Boot angekommen war, sollte nicht weiter nach Deutschland reisen dürfen, fand Söder.

Der Begriff „Asyltourismus" setzt allerdings die Flucht vor dem Krieg mit einer Urlaubsreise gleich – ein denkbar unpassender Vergleich. Es scheint auszudrücken: Geflüchtete brauchen eigentlich keinen Schutz. Sie machen hier nur Ferien.

In den Neunzigern war das Wort ein Kampfbegriff rechter Parteien. Die NPD benutzte den Begriff, die Partei Die Rechte ebenfalls. Söder bekam damals viel Kritik wegen seiner Aussagen. Er gestand schließlich ein, einen Fehler gemacht zu haben. „Für mich persönlich gilt: Ich werde das Wort Asyltourismus nicht wieder verwenden, wenn es jemanden verletzt", sagte er.

Wie kann ich Fake News stoppen?

Möglichkeit 1: Einfach ignorieren
Ein Beitrag erscheint dir merkwürdig? Vielleicht sind das Fake News? Wenn du die Nachricht nicht teilst, kann das schon helfen. Denn der Beitrag erreicht dann weniger Menschen – Falschnachrichten wirken aber nur dann gut, wenn sie viele Leserinnen und Leser finden.

Möglichkeit 2: Einen Beitrag melden
Falschnachrichten werden meist über soziale Medien wie Facebook, Instagram oder TikTok verbreitet. Weil es dafür viel Kritik gab, haben die Unternehmen versprochen, dagegen vorzugehen. Du kannst Beiträge melden, wenn sie dir komisch vorkommen. Der Inhalt wird dann überprüft und gesperrt, wenn er gegen die Regeln

Hassmelden.de

verstößt. Dafür gibt es meist direkt am Beitrag einen Button, es geht ganz einfach.

Wenn jemand Menschen bedroht oder sehr schlecht über andere spricht, könnte der Beitrag auch ein Fall für die Polizei sein. Die Seite Hassmelden.de überprüft das für dich, dort kannst du den Beitrag melden. Vielleicht kann dann gegen den Autor eine Strafanzeige gestellt werden.

Möglichkeit 3: Einen Kommentar schreiben Falschnachrichten verbreiten sich oft beson-ders schnell und sehr viele Menschen lesen sie. Wenn du den Beitrag kommentierst und vor den Fake News warnst, kann das einige zum Nach-denken bringen. Wichtig dabei ist: Immer freundlich bleiben, sonst werden dir andere nicht zuhören. Außerdem solltest du in deinem Kommentar möglichst gute Quellen nennen. So kann die Falschnachricht enttarnt werden.

Unverfängliche Inhalte, rechtes Gedankengut

Rechte Themen sind in den sozialen Medien besonders er-folgreich. Sie machen Menschen wütend, weil etwas angeb-lich nicht richtig funktioniert oder sie sich ungerecht behan-delt fühlen. Oft stecken hinter den Nachrichten Falschaussagen.

Wenn Menschen den falschen Nachrichten glauben, geht die Strategie der rechten Ideologen auf. Denn Menschen, die nicht mehr den traditionellen Medien oder der Regierung glauben, sind besonders anfällig für rechte Theorien. Besonders junge, rechtsextreme Gruppierungen wie die Identitäre Bewegung nutzen das erfolgreich. Aber auch die Partei AfD profitiert davon, wenn Menschen rechten Ideen Glauben schenken.

Das Gemeine: Manchmal haben die Nachrichten einen wahren Kern. Es ist deshalb nicht immer einfach, Fake News zu erkennen. Wenn man das geschafft hat, ist es wichtig, etwas gegen die Falschnachrichten zu unternehmen.

Das Tolle ist, dass alle dabei helfen können. Eine Nachricht nicht weiter zu teilen, hilft schon. Einen Kommentar zu schreiben, kann sogar noch mehr bewirken. Denn je mehr Menschen rechten Ideen widersprechen und Fake News aufdecken, desto schwieriger wird es für rechte Ideologen, Anhänger zu finden.

Kapitel 4

Konse-
quenzen
rechter
Ideologie

Julis neues YouTube-Video ist gerade erst ein paar Minuten online, aber es hat schon über 100 Kommentare. „Ich verstehe echt nicht, warum ihr euch so aufregt", sagt sie. „Alle fragen mich, warum ich noch nichts über den Anschlag gesagt habe." Juli deutet mit den Zeigefingern nach unten und blendet einen kurzen Clip aus einer Nachrichtensendung ein. Die Moderatorin erklärt, was geschehen ist: Ein bewaffneter Mann hat in einer Einkaufsstraße zehn Menschen erschossen. Vorher veröffentlichte er online ein Video mit rechtsextremer Gesinnung, sagt die Sprecherin. Der Mann schoss offenbar gezielt auf Menschen mit ausländischem Aussehen.

„Es ist schrecklich, was da passiert ist", sagt Juli. Gerade, weil die Tat ihre Heimatstadt betreffe, sei sie besonders geschockt. „Aber das war halt ein absoluter Psycho. Um so was zu machen, muss man ja durchgeknallt sein." Neulich sei sie noch selbst in der Straße einkaufen gewesen. „Ich zeig euch mal, was ich von da mitgebracht hab. Ihr werdet es nicht glauben", sagt Juli und grinst breit.

Wo sind dir rechte Straftaten schon mal begegnet? Vielleicht in den Nachrichten, in einer Insta-Story oder als Meme – vielleicht aber auch in einem Gespräch mit einer Freundin?

Es fängt meist ganz harmlos an. In einem Game-Chat vielleicht oder in einer Facebook-Gruppe, die einem eine Freundin empfohlen hat. Vielleicht kommen die rechten Ideen über einen YouTube-Star wie Juli zu einem oder wie bei Christoph Sorge durch einen älteren Freund.

Kaum jemand trifft die Entscheidung: „Ab jetzt bin ich rechts". Die Überzeugungen kommen meist langsam und werden erst mit der Zeit immer stärker.

Und natürlich wird nicht jeder, der rechte Ideen hat, auch zum Extremisten – völlig klar. Die wenigsten Menschen mit rechter Gesinnung begehen schlimme Straftaten. Aber wo ist die Grenze – ab wann wird jemand zur Gefahr? Diese Fragen zu beantworten, ist alles andere als leicht.

In den vergangenen Jahren haben Rechtsextremisten in der ganzen Welt schlimme Anschläge verübt. Ihr Ziel ist es, möglichst viele Menschen umzubringen – das sagen sie meist ganz offen. Die Täter wollen Menschen töten, von denen sie glauben, dass sie es nicht verdient haben, zu leben.

Dieses Kapitel erklärt, wie der deutsche Staat jeden Einzelnen von uns vor rechter Ideologie und Rechtsextremen schützt. Aber auch, wie er dabei immer wieder versagt.

Die Rechten und die Angst

Rechte sind gut darin, Menschen Angst zu machen. Sie warnen ständig vor den „Fremden". Für sie sind das zum Beispiel Menschen, die aus einem Kriegsgebiet nach Europa flüchten. Aber auch all diejenigen, die aus ihrer Sicht nicht „europäisch" aussehen. Die Rechten erzählen zum Beispiel, die Arbeit könne nicht für alle reichen – am Ende würden die „Einheimischen" das Nachsehen haben. Sie behaupten auch, dass Menschen mit bestimmten Religionen allen Andersgläubigen schaden wollen.

All diese Behauptungen können sie nicht oder nur mit fragwürdigen Quellen belegen. In den allermeisten Fällen sind sie schlicht falsch. Die rechten Ideologen fürchten sich vor etwas, das es gar nicht gibt. Trotzdem schaffen sie es, mit ihren Ideen anderen Menschen so viel Angst zu machen, dass die am Ende das Gefühl haben, sich wehren zu müssen.

Das führt zu einem Paradox, einem Widerspruch: Menschen, die eigentlich keinen Grund haben, sich zu fürchten, bekommen Angst. Aus dieser Angst heraus begehen sie Straftaten. Sie denken, dass sie sich so schützen – und werden selbst zu einer Gefahr für andere.

Gefährlich rechtsextrem

In den letzten Jahren haben rechte Attentäter in Deutschland großen Schaden angerichtet. Meist richteten sich ihre Taten gegen Muslime, Schwarze Menschen oder Juden – kurz: Menschen, von denen sie glaubten, dass sie anders sind.

Allein im Jahr 2019 registrierte die Polizei fast 1000 Gewalttaten mit rechtsextremer Motivation.[5] Das sind zwar ein biss-

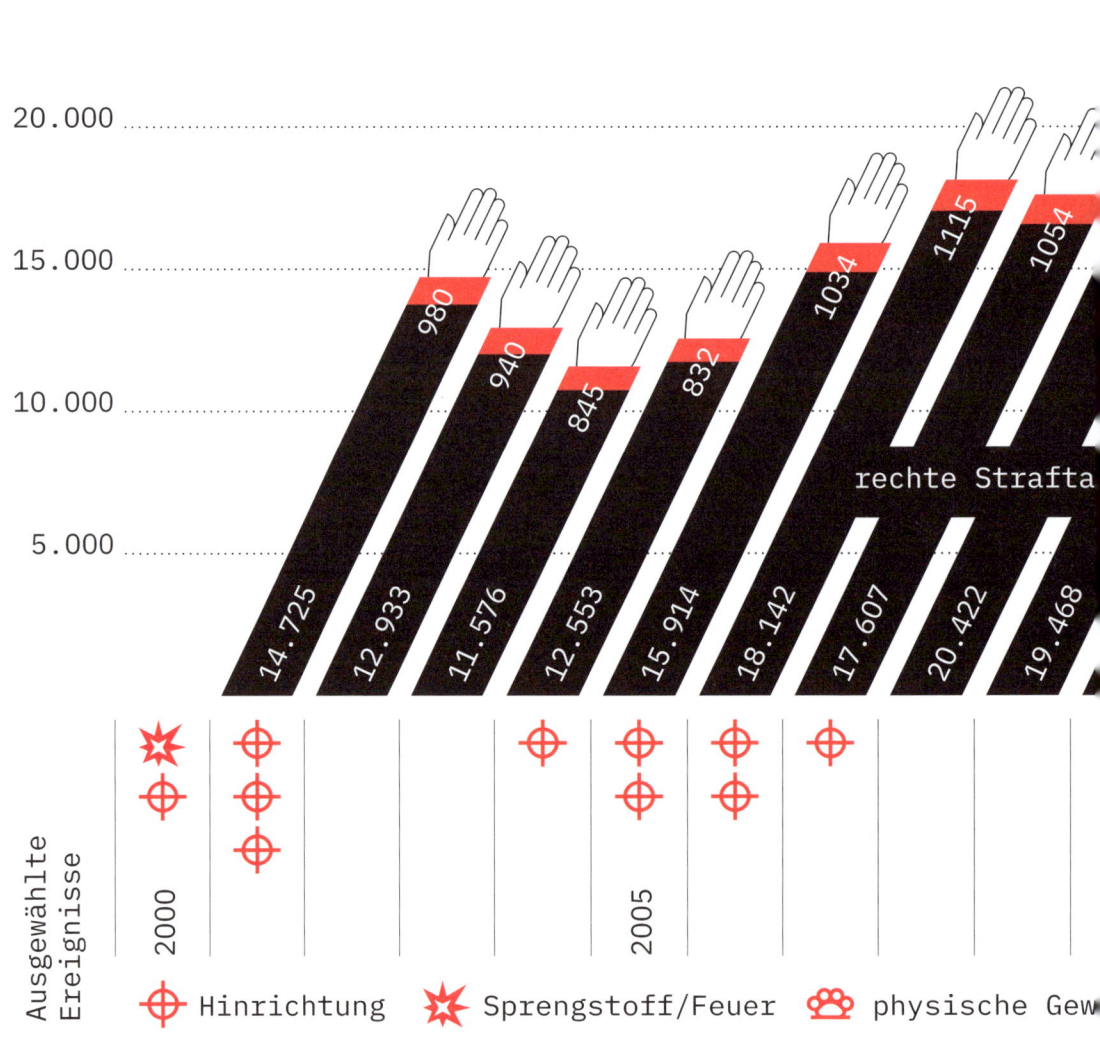

rechte Strafta...

Ausgewählte Ereignisse

2000

2005

⊕ Hinrichtung   ✳ Sprengstoff/Feuer   👊 physische Gew...

chen weniger als im Jahr zuvor, aber insgesamt steigt die Zahl rechtsextremer Straftaten in Deutschland seit Jahren.[6] Die Übersicht macht deutlich, dass es rechte Gewalt nicht irgendwann früher mal gab – sondern dass sie heute zum Alltag in Deutschland gehört.

Auf den nächsten Seiten findest du eine Auswahl rechtsmotivierter Straftaten in Deutschland seit dem Jahr 2000.[7] Würde man alle Taten abbilden wollen, die Rechtsextreme seitdem begangen haben, bräuchte man viel mehr Platz.

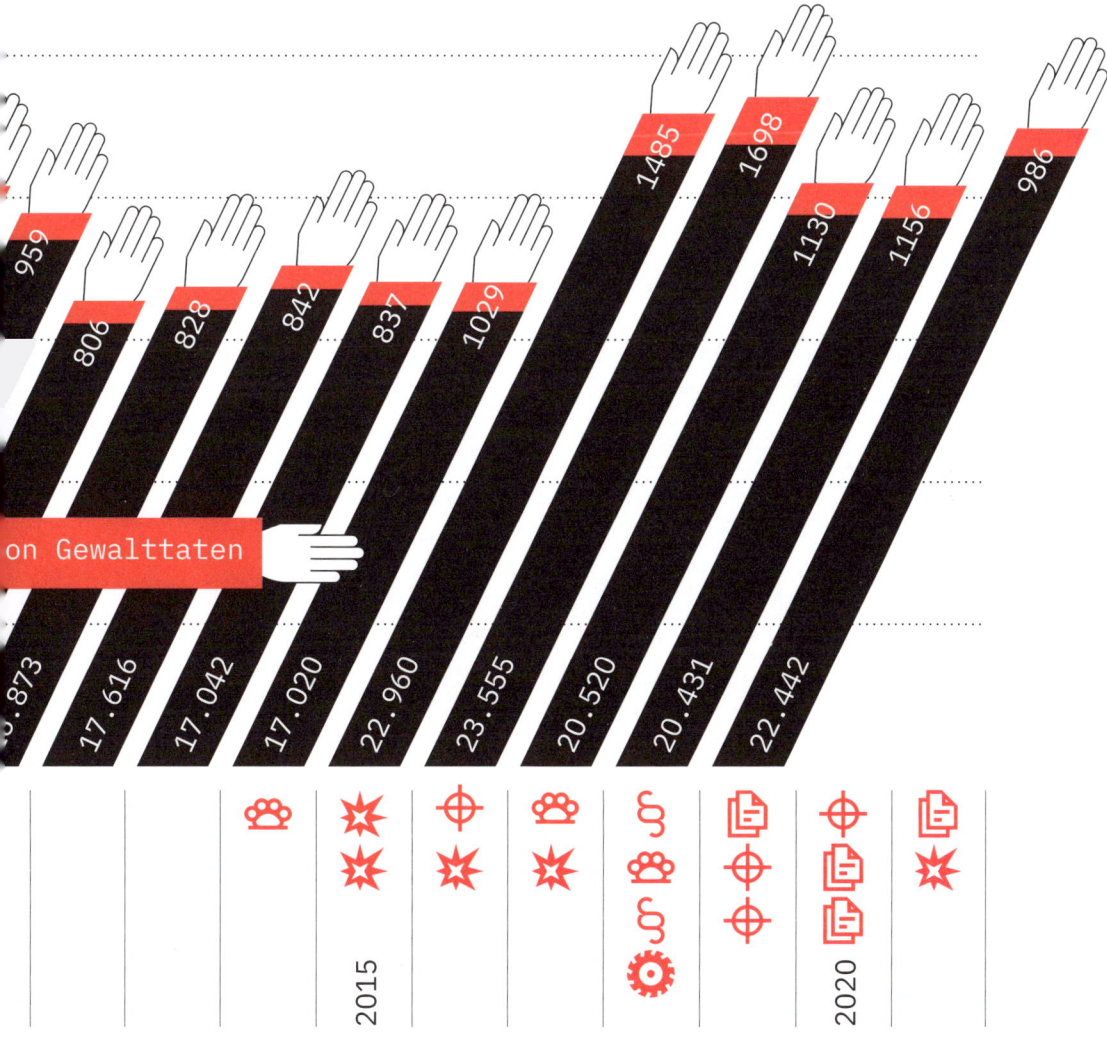

959
806
828
842
837
1029
1485
1698
1130
1156
986

on Gewalttaten

.873
17.616
17.042
17.020
22.960
23.555
20.520
20.431
22.442

2015

2020

Fahrzeuganschlag   Anschlagsplanung   § Verurteilung

2000 ✳ **Juli, Düsseldorf-Wehrhahn:** Bei einem Bombenanschlag werden zehn Menschen verletzt, einige von ihnen lebensgefährlich. Ein ungeborenes Baby stirbt. Bei den Opfern handelt es sich überwiegend um jüdische Zuwanderer aus Osteuropa.

⊕ **September, Nürnberg:** Der türkische Blumengroßhändler Enver Simsek wird vor seinem Stand erschossen. Die rechtsextreme Terrorgruppe „Nationalsozialistischer Untergrund", kurz NSU, hat ihren ersten Mord begangen.

2001 ⊕ **Juni, Nürnberg:** Der 49-Jährige Abdurrahim Özüdogru wird in seiner Änderungsschneiderei mit Kopfschüssen getötet. Die Polizei stellt fest, dass die gleiche Waffe wie bei dem Mord an Enver Simsek eingesetzt wurde.

⊕ **Juni, Hamburg:** Der türkischstämmige Obst- und Gemüsehändler Süleyman Tasköprü (31) wird im Hamburger Stadtteil Bahrenfeld im Laden seines Vaters mit drei Schüssen getötet. Ein weiterer Mord des NSU. Die Polizei glaubt, dass es sich um Straftaten unter Migranten handelt – Rechtsextremismus ziehen die Ermittler nicht in Betracht.

⊕ **August, München:** Der Obst- und Gemüsehändler Habil Kilic wird im Münchner Stadtteil Ramersdorf im Laden seiner Frau mit drei Schüssen in den Kopf getötet.

2004 ⊕ **Februar, Rostock:** Der aus der Türkei stammende Mehmet Turgut (25) wird an einem Dönerimbiss in Rostock mit drei Kopfschüssen ermordet.

2005 ⊕ **Juni, Nürnberg:** Ismail Yasar (50) türkischer Besitzer eines Dönerimbiss, wird in Nürnberg mit fünf Schüssen in Kopf und Herz getötet. Noch immer wissen die Ermittler nichts vom NSU.

⊕ **Juni, München:** Der aus Griechenland stammende Theodoros Boulgarides (41), Mitinhaber eines Schlüsseldienstes, wird vor seinem Laden im Münchner Westend ermordet. Drei Schüsse treffen ihn in den Kopf.

2006 ⊕ **April, Dortmund:** Der 39-jährige Kioskbesitzer Mehmet Kubasik wird in seinem Geschäft in der Dortmunder Nordstadt getötet.

⊕ **April, Kassel:** Halit Yozgat (21) Betreiber eines Internetcafés, wird in seinem Geschäft in Kassel durch zwei Kopfschüsse getötet. Er ist türkischer Abstammung. Yozgat verblutet in den Armen seines Vaters, der seinen Sohn gerade im Geschäft ablösen wollte.

2007   **April, Heilbronn:** Polizeivollzugsbeamtin Michèle Kiesewetter (22) wird in Heilbronn mit einem gezielten Kopfschuss getötet. Ein weiterer Polizeibeamter wird ebenfalls von einem Schuss im Kopf getroffen und lebensgefährlich verletzt.

2011   **November, Eisenach:** Die Mitglieder des NSU begehen einen letzten Banküberfall. Danach töten sich Uwe Mundlos und Uwe Böhnhardt selbst. Beate Zschäpe, das dritte Mitglied der Terrorgruppe NSU, wird später zu lebenslanger Haft verurteilt.

2014   **Februar, Ballstädt:** Eine Kirmesgesellschaft wird nach Mitternacht von einer Gruppe Rechtsextremer überfallen. Die Rechten prügeln die Feiernden zu Boden, zehn von ihnen werden schwer verletzt ins Krankenhaus gebracht. Sie hatten sich zuvor gegen Rechte in ihrer Stadt ausgesprochen.

2015   **Juli, Freital:** Unbekannte werfen einen verbotenen Böller in das Auto eines Politikers, der sich zuvor für Geflüchtete starkgemacht hat. Der Wagen wird dabei völlig zerstört. Später stellt sich heraus: Mitglieder der rechtsextremen „Gruppe Freital" steckten hinter dem Anschlag.

  Oktober 2015, Dresden: Eine Gruppe Rechtsextremer greift ein Wohnprojekt an, in dem Haus wohnen hauptsächlich Linke. Die Täter werfen Pflastersteine und Sprengstoffsätze, einer davon explodiert in der Küche direkt neben einem Bewohner.

2016   **Juli, München:** Der Schüler David Sonboly erschießt am 22. Juli 2016 bei einem Anschlag am Olympia-Einkaufszentrum (OEZ) neun Menschen und danach sich selbst. Sämtliche Opfer hatten Migrationshintergrund.

  September, Dresden: Kurz vor den Feierlichkeiten zum 3. Oktober gibt es Rohrbombenanschläge auf die Fatih Camii Moschee und auf das Kongresszentrum. Der Tatverdächtige Nino K. wird im Dezember 2016 festgenommen. Ein Jahr vor der Tat trat K. als Redner bei einer flüchtlingsfeindlichen Kundgebung von Pegida in Dresden auf.

2017   **November, Altena:** Ein Mann greift den Bürgermeister von Altena an einem Imbissstand an und verletzt ihn mit einem Messer. Zuvor hatte der Täter die Offenheit des Politikers gegenüber Geflüchteten kritisiert.

Dezember, Hamburg: Der wegen Totschlags aus rechten Motiven vorbestrafte Stephan K. lässt auf dem Bahnsteig der S-Bahn-Station im Hamburger Stadtteil Veddel eine selbst gebaute Nagelbombe, bestehend aus illegalen Böllern und Schrauben, explodieren. Bei der Explosion werden Umstehende verletzt.

2018

März, Freital: Acht Mitglieder der rechtsextremen „Gruppe Freital" werden zu hohen Haftstrafen wegen der Mitgliedschaft in einer terroristischen Vereinigung verurteilt. Zuvor haben sie Sprengstoffanschläge begangen und Morddrohungen verschickt.

September, Chemnitz: Bei einer „Pro-Chemnitz" Demonstration jagen Mitglieder der rechten Vereinigung „Revolution Chemnitz" Migrant:innen durch die Stadt.

November, Borna: Ein Mitglied der rechtsextremen Gruppe „Old School Society" wird wegen der Vorbereitung eines Anschlags auf eine Geflüchtetenunterkunft im sächsischen Borna angeklagt. Später werden zwei weitere Mitglieder verhaftet, die an der Planung beteiligt gewesen sein sollen.

Silvester 18/19, Bottrop und Essen: Ein Mann rast in der Silvesternacht mit dem Auto zunächst in Bottrop, dann in Essen und in Oberhausen in Menschengruppen und verletzt mindestens acht Personen. Die Opfer kommen aus Syrien und Afghanistan. NRW-Innenminister Reul sagt, der 50-Jährige habe die klare Absicht gehabt, „Ausländer zu töten".

2019

Januar, deutschlandweit: Bei einer Großrazzia findet die Polizei mehr als 100 Waffen bei Mitgliedern der Gruppe NSK KKK, eine Abkürzung für „National Socialist Knights of the Ku Klux Klan Deutschland".

Juni, Istha: Der Politiker Walter Lübcke wird auf seiner Terrasse von einem Rechtsextremisten erschossen. Lübcke hatte sich zuvor öffentlich für Geflüchtete starkgemacht.

Oktober, Halle: Am höchsten jüdischen Feiertag, Jom Kippur, versucht ein schwer bewaffneter Rechtsextremist in die Synagoge einzudringen. Die Tür hält stand, auf offener Straße ermordet der Mann daraufhin zwei Menschen.

2020

Februar, Hanau: Ein 43-Jähriger schießt auf die Besucher zweier Bars und auf Kunden in einem Kiosk. Dabei tötet er zehn Menschen und sich selbst. Alle Opfer hatten einen Migrationshintergrund.

Februar, deutschlandweit: Zwölf Mitglieder der terroristischen Vereinigung „Gruppe Werner S." werden verhaftet. Die Rechtsextremisten sollen geplant haben, Angriffe auf Politiker, Asylsuchende und Muslime zu begehen.

Juli, Brandenburg: Die rechtsextreme Gruppe „Freie Kräfte Prignitz" hat offenbar einen Anschlag auf eine Moschee geplant. Die Polizei kann die Angriffspläne durch eine Razzia verhindern.

2021 **Februar, Taunus:** Ein Soldat der Bundeswehr wird verhaftet. Auf zehn Seiten hatte er festgehalten, wie man die Regierung stürzen und die Macht in Deutschland übernehmen könne. Dabei verherrlichte er die Nazi-Zeit.

März, Frankfurt am Main: Die Tür einer Moschee wird über Nacht mit zwei Hakenkreuzen beschmiert. Zuvor waren Unbekannte in das Gotteshaus eingebrochen und hatten gezündelt.

Der Staatsschutz ermittelt

Um die Menschen in Deutschland vor rechten Ideologen zu schützen, betreibt der Staat extra eine eigene Behörde. Dort arbeiten sehr viele Menschen, die die rechte Szene ständig überwachen. Sie beobachten zum Beispiel, wer auf rechte Demos geht. Oder wer Mitglied von rechten Parteien und Vereinen ist. Oder wer online rechte Ideen verbreitet.

Die Behörde heißt Verfassungsschutz. Wie der Name sagt, sollen die Mitarbeitenden die deutsche Verfassung schützen. Ihre Aufgabe ist es, im Blick zu behalten, wer in Deutschland gegen die Demokratie ist.

Das sind zum einen rechtsextreme Kräfte. Über 30.000 Menschen zählt der Verfassungsschutz zur rechtsextremen Szene in Deutschland. Würden sie alle auf einem Fleck wohnen, würden sie eine mittelgroße Stadt füllen. Diesen Menschen traut die Behörde zu, aus rechten Überzeugungen Straftaten zu begehen und dabei auch Gewalt anzuwenden.

Genauso überwacht der Verfassungsschutz aber auch Linksextreme am anderen Ende des politischen Spektrums. Oder andere Fanatiker, die sich in ihrem Kampf gegen die Demokratie auf eine Religion berufen – islamistische Attentäter zum Beispiel. All diese Demokratiefeinde soll der Verfassungsschutz im Blick behalten.

Haben die Ermittler den Verdacht, dass jemand gefährlich werden könnte, dann können sie auch genauer nachforschen. Sie hören dann zum Beispiel Telefonate ab. Oder sie setzen sogenannte Vertrauensleute ein, kurz V-Leute. Die V-Leute sind meist schon Mitglieder bei den Vereinigungen, die der Verfassungsschutz ausspionieren will. Sie sind also zum Beispiel selbst in der rechten Szene, Mitglied einer gefährlichen Gruppierung oder Partei. Der Verfassungsschutz bezahlt die V-Leute dafür, dass sie Informationen weitergeben – etwa darüber, wo ihre Gruppe Waffen kauft oder ob sie sogar einen Anschlag plant.

Im besten Fall weiß der Verfassungsschutz so, was die „Rechten" vorhaben. Leider kann dabei aber ziemlich viel schiefgehen: Die V-Leute können den Verfassungsschutz hintergehen und ihm falsche Informationen geben. Die Mitarbeitenden vom Verfassungsschutz können auch wichtige Hinweise übersehen oder sogar selbst von rechten Ideen überzeugt sein – all diese Dinge sind in der Vergangenheit passiert.

Rechtsextreme Anschläge im Internet

Fast alles, was im echten Leben passiert, kann man auch online sehen: Menschen filmen sich dabei, wie sie Games zocken, ihrem Hund Kunststücke beibringen oder ihre Wohnung putzen (echt!) – und andere schauen ihnen dabei zu. Viele bearbeiten ihre Videos, bevor sie sie online veröffentlichen. Aber es gibt auch immer mehr Influencer, die ihre Zuschauer live zusehen lassen.

Einen Livestream zu schauen macht meistens Spaß – schließlich sieht man als Zuschauer die spontanen Reaktionen und ist in unerwarteten Situationen dabei. In Live-Chats können Nutzer Fragen stellen und direkt eine Antwort erhalten. Vielleicht hast du das selbst schon einmal gemacht.

Doch Livestreams sind hoch umstritten. Immer wieder passiert es, dass Menschen Straftaten live übertragen – was natürlich genauso verboten ist, wie die Tat selbst. Niemand sollte dabei zusehen können, schon gar nicht aus Versehen. Doch weil alles live passiert, ist es für die Plattformen schwer, die Übertragung sofort zu bemerken und zu stoppen.

So war es auch in mehreren Fällen von rechtsextremen Anschlägen. Als ein Attentäter im Oktober 2019 eine Synagoge in Halle angriff und zwei Menschen erschoss, filmte er seine Tat live mit einer Helmkamera. Er übertrug seine Aufnahme auf der Streaming-Plattform Twitch. Normalerweise kann man auf Twitch Gamern dabei zuschauen, wie sie Computerspiele spielen. Doch der Anschlag in Halle war echt.

Laut Twitch schauten fünf Menschen live bei der Tat zu. Eine halbe Stunde stand das Video danach online, in dieser Zeit schauten es noch einmal mehr als 2000 Zuschauer an. Dann wurde die Aufnahme gesperrt – doch bis heute verbreitet sie sich im Internet weiter.

Eine der schlimmsten rechtsextremen Anschläge der letzten Jahre ereignete sich 2019 in Christchurch in Neuseeland. Ein Attentäter tötete 51 Menschen und verletzte viele weitere Menschen lebensgefährlich. Der damals 28-Jährige griff Gläubige in zwei Moscheen an, in muslimischen Gotteshäusern. Die Tat zeigt nicht nur das schreckliche Unheil, das ein einzelner Täter aufgrund rechter Ideen anrichten kann. Sie zeigt auch, welche wichtige Rolle das Internet heute für rechte Straftäter spielt.

Denn auch der Attentäter von Christchurch in Neuseeland war bei seiner Tat nicht allein – obwohl er als Einziger auf Menschen schoss. Er streamte seinen Anschlag mit einer Helmkamera. Und er hatte Zuschauer: Über 200 Menschen sahen live auf Facebook bei seiner Tat zu. Einige von ihnen verbreiteten die Aufnahmen weiter.[8] Offenbar rief keiner von ihnen die Polizei.

Online verbreitete sich auch ein Text des Attentäters, den er schon vor der Tat verfasst hatte. Weniger als zehn Minuten vor seiner Tat sendete der Mann eine Kopie per E-Mail an mehr als 70 Empfänger – unter anderem an das Büro der neuseeländischen Premierministerin Jacinda Arderns. Darin bezeichnet er sich selbst als „Rassist".

Später stellte sich heraus, dass der Attentäter Informationen über andere rechtsextreme Anschläge gesammelt hatte. Er konnte sie leicht über das Internet abrufen.

Für rechte Ideologen ist es einfach, sich online zu vernetzen. Sie treffen im Internet auf Gleichgesinnte, die ihre verrückten Ideen gut finden. In geheimen Foren tauschen sie sich miteinander aus oder unterstützen sich mit Tipps: Welche Mode ist gerade angesagt? Bei wem kann man sich verbotene Tattoos stechen lassen? Wo kann man am besten Waffen kaufen?

Dieser Austausch findet nicht nur innerhalb eines Landes statt. Viele Rechtsextreme sind weltweit vernetzt – sie haben Bekannte in den USA, Frankreich, oder eben Neuseeland. Es ist schwierig, zu kontrollieren, wer mit wem in Kontakt steht und vielleicht auch über verbotene Dinge spricht.

Früher und heute: Können Nazis wieder an die Macht kommen?

Wenn man heute eine Umfrage macht und von den Menschen wissen will, ob sich die Nazi-Zeit wiederholen könnte, dann sagen die meisten: „Nein, auf keinen Fall." Es ist einfach unvorstellbar, dass jemand wie Adolf Hitler an die Macht kommen könnte.

Tatsächlich herrschten damals, 1933, ganz andere Zustände. Es gab eine Wirtschaftskrise, sehr viele Menschen hatten keine Arbeit und nur wenig Geld für die nötigsten Dinge. Das Ende des Ersten Weltkriegs war noch gar nicht so lange her, 15 Jahre erst. Danach herrschte in der Politik ziemliches Chaos, ständig wechselte die Regierung. Die Menschen wünschten sich, dass endlich mal wieder Ordnung und Ruhe einkehrten und es wieder aufwärts ginge.

Dann kam Adolf Hitler. Er erzählte den Menschen, dass er dafür sorgen könne, dass es ihnen wieder gut geht. Er sagte ihnen auch, dass angeblich die Juden an allem schuld seien.

Und die Menschen glaubten ihm. In einer demokratischen Wahl stimmten die meisten Wähler schließlich für die NSDAP, die Partei Hitlers.

Hitler kam also ganz legal an die Macht. Theoretisch könnte das auch heute noch passieren – wenn die meisten Wählerinnen und Wähler für eine rechte Partei stimmen würden. Wichtig ist aber, was nach der Wahl 1933 geschah. Denn das könnte sich heute nicht mehr ohne Weiteres ereignen.

Damals riss Hitler nach und nach die gesamte Macht an sich. Zusätzlich zu seinem Amt als Reichskanzler ließ er sich 1934 zum Reichspräsidenten machen. Nun konnte er sogenannte Notverordnungen erlassen, quasi seine eigenen Gesetze. Außerdem ließ er Journalisten und politische Gegner einsperren. Bis am Ende niemand mehr da war, der ihm widersprechen konnte. So konnte er als Diktator schließlich die schlimmen Gräueltaten gegen Juden und andere Minderheiten begehen.

Heute kann niemand mehr gleichzeitig Kanzler und Präsident sein. Der deutsche Bundespräsident hat aus diesem Grund sogar besonders wenig politische Macht. Außerdem sind unsere Grundrechte sehr gut geschützt. Es gibt unabhängige Gerichte, die genau auf ihre Einhaltung achten. Alle Menschen dürfen in Deutschland ihre Meinung sagen, und die Pressefreiheit steht unter einem besonderen Schutz. Der Verfassungsschutz überwacht jene, die sich gegen die Demokratie aussprechen. Dass Rechte in Deutschland an die Macht kommen, ist also grundsätzlich unwahrscheinlich – dass sie unsere Demokratie zu Fall bringen könnten, nahezu ausgeschlossen.

Muss ich Angst vor Rechtsextremen haben?

Die Geschichten über rechtsextreme Straftaten können einen erst einmal ziemlich beunruhigen. Und die Wahrheit ist: Ganz verhindern werden wir sie wahrscheinlich nie. Deshalb ist es auch so wichtig, wachsam zu sein und Menschen mit rechten Ideen gut im Blick zu behalten.

Es gibt aber auch eine gute Nachricht. Rechte Ideologen sind nämlich in der Unterzahl. Es gibt viel mehr Menschen, die ihre Ideen überhaupt nicht gut finden. Das haben Wissenschaftler mit vielen Studien bewiesen.

Meist hört man nur ziemlich wenig von diesen Menschen, der stillen Mehrheit. Im Gegensatz zu den Rechten, die gern bei Demonstrationen oder mit ihren Hasstaten auf sich aufmerksam machen, halten sie sich lieber zurück. Sie denken sich dann vielleicht, dass das alles schon nicht so schlimm ist. Oder dass sie selbst gegen rechte Ideen ohnehin nichts ausrichten können.

Beides stimmt nicht: Rechtsextremismus ist immer schlimm, denn er trifft unschuldige Menschen. Selbst wenn rechte Ideologen ihre Opfer nicht körperlich angreifen, können sie sie mit ihren Worten treffen und mit ihren Drohungen verängstigen.

Auch, dass man selbst nichts machen kann, wenn einem rechte Ideen begegnen, ist falsch.

Kapitel 5

Wieso wir alle manipulierbar sind

Dieses Kapitel beginnt mit einem Experiment. Dafür musst du zuallererst ein paar Fragen beantworten: Wie wahrscheinlich ist es, dass dir das Gleiche wie Juli passiert wäre? Wärst du auf Leo hereingefallen, der seine rechten Ideen als freie, eigene Meinung ausgibt? Hättest du gemerkt, welche Überzeugungen hinter Leos Äußerungen stehen – oder hättest du lieber die Augen davor verschlossen, weil er schließlich dein Freund ist?

„Ich hätte Leo ziemlich schnell durchschaut."

„Die rechten Ideen hätte ich nicht gut gefunden und Leo darauf angesprochen."

„Spätestens, wenn meine alten Freunde sich Sorgen um mich gemacht hätten, hätte ich den Kontakt zu Leo abgebrochen."

Wenn deine Antworten in etwa so lauten, dann geht es dir wie den meisten Menschen. Die meisten von uns glauben, dass sie gegen rechte Ideologie gut gewappnet sind. Sie denken auch, dass sie keine Vorurteile gegenüber Menschen mit einer anderen Hautfarbe oder Religion haben.

Leider stimmt das in den wenigsten Fällen. Die Wahrheit ist: Jeder von uns ist manipulierbar. Und fast jeder von uns ist etwas rassistisch.

Forscher haben ein ganz einfaches Experiment entwickelt, um zu zeigen, dass wir uns selbst oft falsch einschätzen.[9] Es funktioniert ähnlich wie der Versuch zu Beginn dieses Kapitels.

Natürlich kannten die Wissenschaftler Juli nicht und sie interessierten sich auch nicht sonderlich für rechte Influencer. Sie stellten deshalb andere Fragen. Zum Beispiel fragten sie alle

Menschen in einem Raum, ob sie selbst in einer schwierigen Situation eher als die anderen die richtige Entscheidung treffen würden.

Die Mehrheit der Teilnehmer antwortete in den Experimenten: „Klar bin ich klüger und weiß besser als die anderen, was die richtige Entscheidung ist."

Dass das nicht stimmen kann, liegt auf der Hand: In einem Raum voller Menschen kann nicht jeder Einzelne klüger sein als alle anderen. Trotzdem glauben die meisten Menschen von sich selbst, außergewöhnlich zu sein.

Die Wissenschaftler schlossen daraus, dass die meisten Menschen ein falsches Bild von sich selbst haben. Sie führten das Experiment viele Male durch, um wirklich sicher zu sein. Das Ergebnis war immer gleich: Die meisten Menschen überschätzen sich.

Das Ergebnis des Experiments kann sich erst mal blöd anfühlen. Schließlich will niemand gern dabei ertappt werden, dass er sich für klüger als die anderen hält – das in Wirklichkeit vielleicht gar nicht ist. Das Experiment zeigt uns aber: Auch wenn wir glauben, dass wir uns anders als Juli verhalten hätten, ist das in den meisten Fällen unwahrscheinlich. Es ist trügerisch, sich vor rechten Ideen sicher zu fühlen.

In diesem Kapitel geht es darum, unserem eigenen Kopf auf die Schliche zu kommen. Er manipuliert uns, gaukelt uns also etwas vor, ohne dass wir das merken.

Dabei unterstützen ihn die sozialen Medien. So kann es passieren, dass Menschen online mit rechten Ideen in Kontakt kommen – und ganz unbemerkt in ihren Bann gezogen werden. So wie Juli, die von sich selbst sagt: „Ich bin doch nicht rechts!"

Warum unser Kopf Schubladen mag

Das hat damit zu tun, wie unser Gehirn funktioniert. Er ist besonders gut darin, in Mustern zu denken. Stell dir vor, du müsstest jedes Mal aufs Neue herausfinden, wie man eine Tür öffnet. Das ist gar nicht so offensichtlich: Das Türschloss hält sie verschlossen, selbst wenn man dagegen drückt oder daran rüttelt. Erst, wenn man die Klinke herunterdrückt, öffnet sie sich. Manchmal benötigt man sogar einen Schlüssel, den man hineinsteckt und in eine bestimmte Richtung dreht. Besonders in einer Gefahrensituation wäre es ärgerlich, erst minutenlang rätseln zu müssen.

Unser Kopf wendet deshalb einen Trick an. Hat er das Prinzip Türklinke erst einmal verstanden, hilft uns das auch in anderen Situationen. Wir können schließlich nicht nur unsere eigene Haustür öffnen. Sondern wissen selbstverständlich auch, wie sich jede andere Tür öffnen lässt. Und das, ganz ohne darüber nachdenken zu müssen.

Das Gleiche gilt, wenn wir mit dem Bus fahren wollen: Wir wissen, wie eine Haltestelle aussieht und müssen nicht erst lange überlegen, wenn wir davorstehen. Dass ein Krankenwagen kommt, bemerken wir schon, bevor wir ihn überhaupt sehen: an seiner Sirene. Und eine Polizistin erkennen wir automatisch an ihrer Uniform.

Das ist ziemlich praktisch. Nur so schafft es unser Kopf, den Alltag zu meistern: Jeder Mensch ist jeden Tag Millionen von Eindrücken ausgesetzt – und muss ständig entscheiden, wie er darauf reagiert. Und ob vielleicht eine Gefahr droht.

Die meisten Entscheidungen trifft unser Kopf deshalb unbewusst. Ohne dass wir es überhaupt bemerken, sortiert unser Gehirn die Reize aus unserer Umwelt in unterschiedliche Kategorien. Das meiste wird einfach ignoriert. Einiges reicht der Kopf an die Schaltzentrale weiter, um noch mal darüber nachzudenken.

In einigen Situationen aber springen alle Warnleuchten an. Dann hat das Gehirn ein Muster erkannt, das in die Kategorie „Gefahr" fällt. Es reagiert in dieser Situation sofort, ohne noch einmal Rücksprache zu halten. Alles andere wäre schlicht zu langsam.

Was aber hat all das mit rechten Überzeugungen oder gar mit Rassismus zu tun? Ganz schön viel sogar.

Denn auch Menschen ordnet unser Gehirn in Kategorien ein: gefährlich oder ungefährlich. Nett oder gemein. Vertrauenswürdig oder hinterhältig. Das passiert innerhalb von Millisekunden. Es verbindet dafür bestimmte äußere Merkmale mit Eigenschaften.

Hatte dein Lieblingslehrer in der Grundschule zum Beispiel eine große, runde Brille, braune Haare und war sehr freundlich? Dann wird dein Gehirn einem Mann mit ähnlichem Aussehen unterstellen, ebenso nett zu sein. Ist deine Fußballtrainerin zwar streng, bringt dir aber auch viel bei? Einer Frau, die ihr ähnlich sieht, würde dein Gehirn automatisch diese Eigenschaften unterstellen. Es glaubt, ein Muster zu erkennen.

Genauso funktioniert es mit der Unterstellung, dass jemand schlechte Eigenschaften hat. Der Hausmeister an der Schule ist ein Griesgram? Wahrscheinlich würdest du seinen Doppelgänger nicht sonderlich sympathisch finden. Und wenn der fiese Nachbarsjunge eine Zahnlücke hat, betrachtest du andere Menschen mit dieser Eigenschaft wahrscheinlich skeptisch.

Unser Gehirn nimmt aber noch viel grundsätzlichere Muster wahr. Wissenschaftler haben zum Beispiel herausgefunden, dass die Mehrheit Schwarze Menschen unbewusst negativ wahrnimmt – einfach nur wegen ihrer Hautfarbe. Das alles geschieht unbewusst. Und doch beeinflusst es unser Verhalten gegenüber anderen Menschen.

Wissenschaftler haben einen einfachen Online-Test entwickelt, mit dem jeder herausfinden kann, wie stark die eigenen Vorurteile gegenüber Menschen mit anderer Hautfarbe sind. Die Ergebnisse sind erstaunlich. Der Test funktioniert so: Zuerst muss man ein paar Fragen über sich selbst beantworten. Wie alt man ist, welches Geschlecht man hat. Ob man *weiße* Menschen gegenüber Schwarzen bevorzugt. Die meisten Teilnehmer sagen hier: „Nein, natürlich habe ich keine Vorurteile." Im nächsten Schritt soll man dann Worte und Gesichter einander zuordnen, und das möglichst schnell. Die Bilder zeigen Schwarze und *weiße* Menschen, die Begriffe gehören entweder zur guten Kategorie – Liebe, ehrlich – oder zur schlechten – Hass, Gewalt. Die meisten Leute, die den Test machen, sind immer dann langsamer, wenn sie ein schwarzes Gesicht mit einem positiven Wort zusammenbringen sollen. Unbewusst verbindet das Gehirn die Hautfarbe mit schlechten Dingen – übrigens ziemlich unabhängig davon, welche Hautfarbe die Menschen selbst haben. Willst du selbst einmal ausprobieren, wie das bei dir ist? Den Test findest du hier: https://implicit.harvard.edu/implicit/germany/takeatest.html

Harvard-Test

Die meisten von uns haben weniger mit Schwarzen Menschen als mit *weißen* zu tun. Rund ein Viertel der deutschen Bevölkerung hat einen Migrationshintergrund, so misst es das Statistische Bundesamt. Wer von ihnen eine dunkle Hautfarbe hat, misst es nicht. Es erscheint merkwürdig, dass wir unbewusst ein schlechtes Bild von Leuten haben, mit denen wir nur selten in Kontakt sind. Unser Gehirn hat schließlich viel weniger Möglichkeiten, ein Prinzip abzuleiten.

Genau das ist das Problem. Fast alles in unserer Umgebung ist *weiß* – das Gute wie das Schlechte. Die wichtigen Politiker: fast alle *weiß*. YouTube-Stars: fast alle *weiß*. Lehrerinnen und Lehrer: fast alle *weiß*. Unser Kopf lernt: Weiße Menschen können alles sein. Schwarze Menschen dagegen kommen für viele nur in den Nachrichten vor, wenn etwas Schlimmes passiert ist. Als Geflüchtete, als Terroristen, als Verbrecher. Und nur selten als Expertinnen, als Wissenschaftler, als Politikerinnen. Unser Kopf speichert jedes dieser Bilder, er erstellt quasi eine innere Galerie – und glaubt, ein Prinzip verstanden zu haben. Vielleicht, ohne je einen Schwarzen Menschen persönlich kennen gelernt zu haben.

65 Milliarden Nachrichten – an einem Tag

Die sozialen Medien spielen bei der Erstellung unserer inneren Bildergalerie eine besondere Rolle. Sie sind besonders gut darin, ihren Nutzern Bilder zu zeigen, die sie gern sehen wollen. Sie kennen unsere Interessen, unsere Vorlieben. Und sie möchten, dass wir möglichst viel Zeit mit ihnen verbringen.

Wer wissen will, wie die sozialen Medien unser Gehirn beeinflussen, kann zum Beispiel bei den Leuten nachfragen, die sie gebaut haben. Und ihnen die Frage stellen, wofür Facebook, Instagram oder Snapchat eigentlich erschaffen wurden.

Mark Zuckerberg, der Gründer von Facebook, erzählt dann, dass er Menschen zusammenbringen wollte. Er habe die ganze Welt vernetzen und es möglich machen wollen, dass sich Freundschaften zwischen Menschen entwickeln oder bestehen bleiben, die auf unterschiedlichen Kontinenten leben. Kevyn Systrom, einer der Entwickler von Instagram, liebte Fotografie und wollte diese Faszination mit anderen teilen, so sagt er. Und Evan Spiegel, einer der Gründer von Snapchat, gibt an, dass Menschen mit seiner App direkter als je zuvor ihre Gefühle ausdrücken können.

Das hört sich erst einmal toll an, ist aber nicht die ganze Wahrheit. Denn natürlich sollen Facebook, Instagram und Snapchat möglichst viel Geld einbringen. Und das passiert nicht von allein.

Man kann den Gründern dieser Apps deshalb auch eine andere, deutlich interessantere Frage stellen: „Dürfen eure eigenen Kinder die sozialen Medien benutzen, die ihr entwickelt habt?" Journalisten haben das getan und erstaunliche Antworten erhalten.

Sean Parker, der mit Facebook reich geworden ist, nutzt selbst keine sozialen Medien mehr – und verbietet es auch seinen Kindern. „Nur Gott weiß, was es mit den Hirnen unserer Kinder anstellt", sagte er. Auch der Schöpfer des iPhones, der inzwischen verstorbene Steve Jobs, stand seinem Produkt kritisch gegenüber. Auf die Frage, ob seine Kinder das iPad liebten, antwortete er: „Sie haben es noch nicht benutzt. Wir begrenzen die Zeit, die unsere Kinder zu Hause mit Technologie verbringen." Seine jüngsten Töchter waren da bereits zwölf und fünfzehn Jahre alt.

Instagram-Gründer Kevyn Systrom sagt, seine Branche sei immer in Versuchung, den Leuten mit mehr Werbung oder mehr Benachrichtigungen auf den Geist zu gehen, um mehr Geld zu verdienen. Er halte das für „grundsätzlich ungesund".

Das Geschäftsmodell der sozialen Medien ist es, immer mehr Daten über jeden Einzelnen zu sammeln. Diese Daten verkaufen die Unternehmen dann für viel Geld weiter. Zum Beispiel an andere Unternehmen, die Werbung für ihre Produkte machen wollen – und die genau wissen wollen, wofür sich ein Nutzer interessiert. Je genauer die Informationen über den Nutzer sind, desto teurer sind auch die Werbeplätze. Je länger ein Nutzer sich mit der App beschäftigt, desto mehr gibt er über sich selbst preis. Wenn er oder sie also immer weiter klickt, scrollt, tweetet und postet.

Komm, bleib doch noch ein bisschen

So weit, so ungefährlich, könnte man denken. Welchen Schaden soll schon Werbung anrichten, die auf einen bestimmten Nutzer abgestimmt ist? Doch es gibt ein Problem: Denn unsere Online-Vorlieben entscheiden nicht nur darüber, welche Werbung uns angezeigt wird. Sondern auch über die Videos, die YouTube uns als Nächstes zeigt, oder über die Posts in unserem Facebook-Feed.

Um unsere Aufmerksamkeit möglichst lange zu halten, wenden die sozialen Medien einen psychologischen Trick an. Sie zeigen uns immer mehr Inhalte, die uns gefallen und uns in unserer Meinung bestätigen – und die ein bisschen extremer als der letzte Post sind.

Rechte Influencer und Ideologen nutzen diesen Mechanismus für ihre Zwecke. Um Nutzer mit ihren Ideen anzusprechen, reicht der Einstieg über eine sympathische, junge Influencerin wie Juli. Besonders erfolgreich sind dabei Frauen, denn sie erscheinen unserem Kopf als ungefährlich. „So rechts kann die gar nicht sein", denken viele von Julis Fans über sie.

Doch es bleibt nicht bei den unverfänglichen Inhalten, die Juli in ihrem Kanal postet. Um die Aufmerksamkeit des Nutzers zu halten, schlägt YouTube ein weiteres Video vor. Dieses Mal ist es Leo, der in die Kamera spricht – und deutlich extremere Ansichten als Juli verbreitet.

Und es gibt ein weiteres Problem: Weil wir immer mehr von dem sehen, was uns sowieso gefällt, werden wir ständig in unserer Meinung bestätigt. Wir haben das Gefühl, dass es auch allen anderen so geht wie uns. So kommen wir kaum noch ins Gespräch mit Andersdenkenden – und können uns kaum vorstellen, dass der Instagram-Feed unserer Freunde mitunter ganz anders aussieht als unser eigener.

Der Google Test

Google kennt uns genau wie die sozialen Medien sehr gut. Schließlich fragen wir die Suchmaschine fast alles: Wie komme ich zum Haus meines besten Freundes? Wann findet das nächste Konzert meines Lieblingssängers statt? Was sind die wichtigsten Fakten zum Klimawandel? Weil Google so genau weiß, was uns interessiert, macht es uns Vorschläge für unsere Suche. Probier das mal aus. Du musst nur ein paar Wörter in die Suchleiste eingeben, schon erscheint ein ganzer Satz. Du kannst zum Beispiel damit beginnen: „Was ist eigentlich …?" Das Ergebnis ist in den meisten Fällen ziemlich

witzig. Mache den Test mit deinen Freunden: Wenn ihr auf euren Handys alle mit den gleichen Worten beginnt, bekommt ihr auch alle den gleichen Vorschlag angezeigt?

Hinter all dem steht ein sogenannter Algorithmus, eine mächtige Maschine. Das ist im Grunde nichts weiter als eine mathematische Formel – aber die hat es in sich. Die Entwickler hinter den sozialen Medien geben dieser Maschine Anweisungen. Sie schreiben dafür einen Code, den nur sie selbst und die Maschine verstehen, wie eine eigene Sprache. Dieser Code kann dem Algorithmus von Instagram zum Beispiel die Anweisung geben: „Immer, wenn ein Nutzer besonders lange Katzenvideos anschaut, zeige ihm noch mehr davon."

Um die Vorlieben eines Nutzers kennen zu lernen, speichern die sozialen Medien jeden Klick und jede Bewegung. Welches Bild schaut derjenige besonders lange an? Wo scrollt er schnell weiter? Wann findet er ein Thema so wichtig, dass er es kommentiert?

Der Algorithmus kann selbst lernen, was Nutzern gefällt. Alle großen Technologiefirmen benutzen heute solche Algorithmen. Die Entwickler geben ihnen keine einfachen Anweisungen mehr. Sondern sie sagen dem Algorithmus: „Schau dir diese Daten von Nutzern an, die alle gern Katzenvideos anschauen. Und dann lerne, was sie noch gern mögen."

Bei Katzenvideos mag das unproblematisch sein. Doch genauso funktioniert der Algorithmus, wenn Menschen sich für rechte Themen interessieren. Er zeigt ihnen immer mehr davon an.

Heute geben alle großen sozialen Netzwerke an, etwas gegen die Verbreitung von Fake News und die Radikalisierung ihrer Nutzer zu tun. Aber die Rechnung hinter ihrem Geschäfts-

modell bleibt die gleiche. Je mehr YouTube-Videos wir anschauen, je mehr Bilder wir auf Instagram posten, je mehr
Beiträge wir auf Facebook liken, desto mehr Geld verdienen
die Unternehmen dahinter. Die psychologischen Faktoren, die
dazu beitragen, dass Nutzer mehr Zeit mit den Apps verbringen, bleiben damit die gleichen – und auch das Problem besteht weiter.

Doch zum Glück sind wir dem nicht schutzlos ausgeliefert.
Das wichtigste ist, dass wir selbst verstehen, welcher Mechanismus hinter den sozialen Medien steht. Nur so können wir an
der richtigen Stelle ansetzen und uns wehren.

Kapitel 6

Der große Selbsttest: Wie gut kann ich mich gegen Rechte wehren?

Über rechte Ideologie zu lesen, ist eine Sache – sie selbst zu erkennen und sich gegen sie zu wehren, eine ganz andere. Wenn du schon viel in diesem Buch gelesen hast, dann kennst du dich jetzt ziemlich gut aus. Vielleicht willst du aber auch gleich zu Beginn wissen, wie viel du schon über „Rechte" weißt – und lieber im Nachhinein nachlesen?

Mit diesem Quiz kannst du dein Wissen testen – und herausfinden, ob du Anfänger, Kenner oder Profi beim Thema rechte Ideologie bist.

Das Besondere: Du musst nicht nur reine Wissensfragen beantworten, sondern dich immer wieder in Situationen hineinversetzen. Wie hättest du in dem Moment gehandelt? Dadurch lernst du, dich auch im echten Leben gegen rechte Ideologie zu wehren.

In der Auflösung ab Seite 103 findest du die richtigen Antworten und kannst sie mit deiner Lösung vergleichen. Achtung: Es können auch mehrere Antworten richtig sein!

Rechte Ideologie erkennen

1. *Welche rechten Begriffe und Ausdrücke dürfen in Deutschland nicht benutzt werden?*

A: ☐ „Blut und Ehre"

B: ☐ „Heil Hitler"

C: ☐ „Deutschland erwache"

• •

2. *Was war im Jahr 2020 der beliebteste Hashtag der Identitären Bewegung in den sozialen Medien?*

A: ☐ #StayUnited

B: ☐ #NazisRaus

C: ☐ #DefendEurope

• •

3. *Wofür steht die Abkürzung JA?*

A: ☐ Jehovas Army, ein rechtes Computerspiel

B: ☐ Junge Alternative, die Jugendorganisation der AfD

C: ☐ Judas Antigen, eine rechte Rockband

• •

4. *Welche rechten Symbole sind in Deutschland verboten?*

A: ☐ Die Reichskriegsflagge, wenn sie jemand auf einer Demo zeigt

B: ☐ Das Hakenkreuz, wenn jemand es als Tattoo unter der Kleidung trägt

C: ☐ Ein Foto von Adolf Hitler, abgedruckt in einer Zeitschrift

- -

5. *Wofür steht die Abkürzung NSU?*

A: ☐ „National Sisters United", eine rechte Modemarke für Frauen

B: ☐ „Nazis sind unschlagbar", wird als Gruß in der rechten Szene verwendet

C: ☐ „Nationalsozialistischer Untergrund", eine Terrorgruppe, die über mehrere Jahre hinweg Menschen ermordete

- -

6. *Der Hass der Nazis während der Hitler-Zeit richtete sich sehr häufig gegen Juden. Auch unter modernen Rechten sind Vorurteile gegen Juden weit verbreitet. Wie lautet der Fachbegriff dafür?*

A: ☐ Antisemitismus

B: ☐ Antiziganismus

C: ☐ Antifeminismus

Gegen rechts argumentieren

7. *Du bist bei einem Schulfreund zu Hause, als er dir ein Video zeigt, das er selbst gedreht hat. „Die Regierung verarscht uns alle", sagt er darin. „Sie karren die Ausländer in unser Land und wir, die junge Generation, wird das Nachsehen haben." Dein Freund hat in letzter Zeit häufiger schlecht über Menschen gesprochen, die nicht in Deutschland geboren sind, aber nie so deutlich. Kannst du typische Argumente von rechten Ideologen erkennen?*

A: ☐ Ganz unrecht hat er nicht. Vieles, was die Regierung macht, geschieht hinter unserem Rücken.

B: ☐ Es ist ein typisch rechtes Argument, Einwanderer schlechtzureden. Rechte Ideologen behaupten dann meist, dass Geflüchtete oder Zuwanderer den Einheimischen Jobs wegnehmen oder auch, dass sie besonders häufig kriminell sind. Beides stimmt nicht.

C: ☐ Ich finde, jeder sollte seine politische Meinung sagen dürfen. Der Freund hat vielleicht einfach einen schlechten Tag. Aber wegen dieser zwei Sätze ist er bestimmt nicht rechts.

8. *Auf dem Schulhof prügeln sich zwei Jungs aus deiner Klasse. Plötzlich schreit der eine den anderen an: „Du Scheiß-Kanake! Hau doch ab aus unserem Land!" Was machst du?*

A: ☐ Ich gehe sofort dazwischen. Rassismus ist scheiße, das werde ich dem Jungen schon zeigen.

B: ☐ Ich rufe die Pausenaufsicht dazu, damit sie die Jungs trennt. Später erzähle ich meinem Klassenlehrer, was passiert ist, und sage ihm auch, dass ich den Spruch rassistisch fand und das nicht okay war.

C: ☐ Manche Sachen müssen Jungs halt klären. Dass man dabei mal was Blödes sagt, ist doch klar. War bestimmt nicht so gemeint.

• •

9. *In der U-Bahn beobachtest du eine Jugendliche, drei junge Männer kommen auf sie zu. Die drei zeigen auf ihr Kopftuch, du kannst nicht genau hören, was sie sagen. Aber du siehst, wie sie lachen und der Jugendlichen immer näher kommen. Dann sagt einer etwas von „Muslimen, die unser Land übernehmen". Dem Mädchen ist das sehr unangenehm, das kannst du sehen. Wie verhältst du dich?*

A: ☐ Ich kann die Situation nicht richtig einschätzen, deshalb mache ich lieber nichts. Vielleicht kennen die vier sich ja.

B: ☐ Ich rufe per Notruf den Schaffner, damit am nächsten Bahnsteig Security bereitsteht.

C: ☐ Ich gehe zu der Gruppe rüber und spreche das Mädchen an. Ich frage sie einfach, ob sie mir sagen kann, wie die nächste Station heißt. So kann ich sie in ein Gespräch verwickeln und von den komischen Männern trennen.

· ·

10. *Du bist bei einem Schulfreund zum Abendessen, als dessen Vater sich plötzlich total aufregt. Im Haus nebenan seien jetzt auch noch Ausländer eingezogen, sagt er laut und haut mit der Hand auf den Tisch. „Eine ganze Großfamilie, sieben Kinder! Ist ja klar, sind Muslime. Das kann nicht gut gehen." Es sei ja bekannt, dass Muslime gewaltbereit seien, vor allem die Männer. Dir ist das alles sehr unangenehm – aber was kannst du tun?*

A: ☐ Wenn ich nichts sage, dann beruhigt er sich bestimmt schnell wieder. Ich bin mir auch gar nicht so sicher, wie das jetzt genau ist mit den Muslimen. Er ist ein Erwachsener, er würde mich sowieso nicht ernst nehmen.

B: ☐ Es regt mich richtig auf, dass der Vater meines Freundes so etwas behauptet, und ich halte sofort dagegen: Ist ja klar, dass das alles gar nicht stimmt. Dem sage ich meine Meinung.

C: ☐ Ich warte ab, bis er sich ein bisschen beruhigt hat, und sage ihm dann freundlich, dass ich es nicht nett finde, wie er über seine neuen Nachbarn spricht. Er kennt sie ja noch gar nicht persönlich. Wenn er wieder wütend wird, gehe ich lieber nach Hause.

· ·

11. *Auf Instagram folgst du seit Kurzem einer Influencerin, die mit Gästen über aktuelle politische Themen spricht. Dann lädt sie einen Politiker von der Jungen Alternative ein, der Jugendorganisation der AfD. Du entfolgst ihr ...*

A: ☐ ... wenn sie sich in dem Gespräch nicht klar von rechten Ideen abgrenzt. Sie muss klarstellen, dass Rassismus und Rechtsextremismus gar nicht gehen, und ihren Gesprächspartner genau dazu befragen.

B: ☐ ... gar nicht. Grundsätzlich finde ich es gut, wenn alle politischen Meinungen zu hören sind. Auch mit Politikern der AfD sollte man deshalb reden.

C: ☐ ... sofort. Mit Leuten von der Jungen Alternative zu reden, geht gar nicht. Ich melde den Beitrag bei Instagram und hoffe, dass er gelöscht wird.

Wie kannst du dich wehren, wenn du selbst betroffen bist?

Saliha (16) und ihre Schwester Yara (12) kommen aus Deutschland. Ihr Vater stammt ursprünglich aus Äthiopien in Afrika. Hier erzählen Saliha und Yara, was sie darüber denken, wenn andere Menschen sie nach ihrem Äußeren beurteilen.

Die Schwestern gehen in die 6. und die 10. Klasse auf zwei unterschiedliche Gymnasien in einer großen, deutschen Stadt. Yara und Saliha sind nicht ihre echten Namen, denn sie wollen nicht erkannt werden. Alle Begebenheiten, die sie im Gespräch schildern, haben aber genau so stattgefunden.

Lies dir ihre Erzählungen durch und beantworte dann die Fragen darunter.

Yara: „Neulich hat mich eine Klassenkameradin zu ihrem Geburtstag eingeladen. Ich war ein bisschen überrascht, weil sie noch nie besonders nett zu mir war. Ich habe mich dann doch gefreut, weil auch Freunde von mir eingeladen waren. Auf der Feier bei ihr zu Hause sagte sie mir dann, dass ihr Bruder Leute mit brauner Haut nicht so toll findet. Ich fand das komisch, warum sagt sie mir das überhaupt, habe ich mich gefragt. Ich habe mir aber in dem Moment gar nicht so viel dabei gedacht und das einfach ignoriert. Sie war eben noch nie freundlich zu mir.

Ein paar Tage später gab es dann in der Schule noch einen Vorfall. In meiner Klasse gibt es außer mir keine dunkelhäutigen Kinder. Eigentlich gab es damit nie Probleme.

An dem Tag hatte eine Freundin von mir Knete mitgebracht und das Mädchen vom Geburtstag hatte sie sich ausgeliehen. Ich habe sie gefragt, ob ich die Knete auch mal haben kann. Und da sagte sie: „Ne, du hast so dreckige Hände." Sie sagte das wegen meiner dunklen Hautfarbe, natürlich waren meine Hände sauber. In dem Moment habe ich mich ganz komisch gefühlt. Ich habe auch irgendetwas zu ihr gesagt, ich weiß gar nicht mehr was. Ihr Kommentar hat mich wütend gemacht.

Meine Freundin, der die Knete gehörte, hat dann sofort gesagt: „Klar darf sie die Knete haben! So was sagt man nicht zu anderen Menschen." Da hab ich mich sogar ziemlich gut gefühlt, weil ich wusste, dass ich auch nette Menschen bei mir habe.

Zu Hause habe ich meiner Mama davon erzählt. Wir haben darüber gesprochen, dass es anscheinend bei dem Mädchen in der Familie liegt, solche Sachen zu sagen. Und dass es gar nichts bringt, seine Energie für solche Leute zu verschwenden. Meine Mama hat dann meine Klassenlehrerin informiert. Die war ganz entsetzt. In einem Gespräch mit mir hat sie sogar angefangen zu weinen und gesagt, dass sie niemals geglaubt hätte, dass so etwas in ihrer Klasse passieren könnte.

Mit dem Mädchen hat meine Lehrerin auch gesprochen. Aber wirklich entschuldigt hat sie sich hinterher nie bei mir. Sie findet, dass das gar nicht so schlimm war, was sie zu mir gesagt hat. Aber das stimmt natürlich nicht. Es war richtig gemein. Und es war rassistisch."

Fragen zu Yara:

A ☐ Hat Yara recht? Was war an der Situation rassistisch?

B ☐ Wie hat sich Yara in der Situation mit der Knete gefühlt?

C ☐ Was hat Yara in der Situation mit der Knete geholfen?

Saliha: „Es gibt viele Situationen, in denen ich merke, was Leute über mich denken. Neulich war ich mit Yara, meiner Mama und noch einer Freundin in einem Café. Schräg gegenüber saß eine Frau an einem Tisch, die Yara und mich die ganze Zeit ganz gemein angeguckt hat. Das war sehr unangenehm, weil wir einfach nur etwas essen wollten.

Unsere Freundin hat die Frau dann irgendwann ganz böse zurück angeguckt. Da hat sie gleich aufgehört, und es war gar nicht mehr so schlimm. Eigentlich sogar ein bisschen lustig.

Solche Situationen gibt es ziemlich häufig. Leute sagen ganz nebenbei Sachen oder gucken eben komisch, und später merkt man: Das war nicht okay. Man denkt in dem Moment, das ist gar nicht so schlimm. Vielleicht weiß man auch nicht sicher, wie es gemeint war. Aber man spürt ganz deutlich die Ablehnung der Leute. Das ist gar kein gutes Gefühl.

Ich würde mir wünschen, dass sich diese Leute mehr in andere hineinversetzen. Viele denken wahrscheinlich gar nicht darüber nach, wie es sich anfühlt, wenn so über einen geredet wird oder man immer solche Blicke bekommt.

Viele Menschen denken, nur weil jemand braune Haut hat, ist er Ausländer. Dann denken sie bestimmte Sachen über einen. Eigentlich ist es aber gar nicht so wichtig, wo jemand herkommt, finde ich. Es macht keinen Unterschied, welche Haarfarbe oder Hautfarbe jemand hat. Viel wichtiger ist das Innere eines Menschen."

Fragen zu Saliha:

A ☐ Wie hat die Freundin Yara und Saliha in dieser Situation geholfen?

B ☐ Welches Vorurteil kannst du in Salihas Erzählung finden?

Lösungen

Für jede richtige Antwort bekommst du einen Punkt. Sind bei einer Frage mehrere Antworten richtig, gibt es dafür entsprechend viele Punkte. Insgesamt kannst du 18 Punkte erlangen.

Frage 1:
Richtige Antworten: A, B und C

Alle drei Ausdrücke sind verboten. „Blut und Ehre" war die Losung der Hitlerjugend, der Jugendorganisation im Nationalsozialismus. „Heil Hitler" wurde als Gruß im Nationalsozialismus verwendet. Und den Spruch „Deutschland erwache" nutzte die NSDAP, die Partei Adolf Hitlers.

- -

Frage 2:
Richtige Antwort: C

Die Identitäre Bewegung, kurz IB, ist eine rechtsextreme Gruppierung. Sie wird in Deutschland vom Verfassungsschutz überwacht. Die Mitglieder der IB behaupten, dass Europa von Einwanderern aus anderen Ländern bedroht würde. Sie wollen laut eigener Aussage die europäische Kultur beschützen und sind in den sozialen Medien sehr aktiv – dort nutzen die Mitglieder der IB häufig den Hashtag #DefendEurope.

- -

Frage 3:
Richtige Antwort: B

Die „Junge Alternative für Deutschland" ist eine politische Vereinigung, die zur Partei AfD gehört. Ihr Ziel ist es, schon junge Menschen für die Politik der Partei zu begeistern. Deshalb ist sie in den sozialen Medien besonders aktiv. Die „JA" ist in ihren Ansichten so extrem, dass sie in vielen Bundesländern durch den Verfassungsschutz beobachtet wird. Ihre Mitglieder sind schon häufig durch extrem rechte Ideen aufgefallen.

• •

Frage 4:
Richtige Antwort: A und C

Die Reichskriegsflagge war die Flagge der Nationalsozialisten unter Adolf Hitler – auf rotem Grund sitzt ein schwarzes Kreuz, in der Mitte ist ein Hakenkreuz aufgemalt. Sie in der Öffentlichkeit zu zeigen, ist verboten und kann mit einer Freiheitsstrafe von bis zu drei Jahren bestraft werden. Manchmal wenden die Rechten einen Trick an: Sie lassen das Hakenkreuz auf der Flagge einfach weg. Dann ist es in den meisten Bundesländern erlaubt, sie zu zeigen.

Auch ein Foto von Adolf Hitler öffentlich zu zeigen, ist verboten. In einer Zeitung oder auf einem Plakat darf es nicht abgedruckt werden.

Das Hakenkreuz darf man in Deutschland zwar ebenfalls nicht offen zeigen – trägt man es aber als Tattoo unter dem T-Shirt oder klebt sich ein Pflaster darüber, ist es erlaubt.

• •

Frage 5:
Richtige Antwort: C

Die rechtsextreme Terrorgruppe Nationalsozialistischer Untergrund tötete zwischen 2000 und 2011 zehn Menschen in Deutschland. Ihre Morde verübten sie an Menschen mit Migrationshintergrund in unterschiedlichen Städten. Die Ermittler tappten lange im Dunkeln – auch, weil meist nicht in Betracht gezogen wurde, dass es sich um rechtsextreme Taten handeln könnte. Zwei der Täter begingen schließlich Selbstmord, die dritte Täterin, Beate Zschäpe, wurde zu lebenslanger Haft verurteilt.

• •

Frage 6:
Richtige Antwort: A

„Antisemitismus" bedeutet Judenfeindlichkeit. Ein Beispiel sind antisemitische Witze, die sich über angebliche Eigenschaften von Juden lustig machen. Aber auch körperliche Gewalt gegen Juden wird als Antisemitismus bezeichnet. „Antiziganismus" beschreibt ebenfalls eine Form von Feindlichkeit gegenüber einer bestimmten Gruppe: Häufig sind davon die Bevölkerungsgruppen Sinti und Roma betroffen. „Antifeminismus" richtet sich gegen die Bewegung des „Feminismus" – dabei treten Menschen für die Gleichberechtigung von Frauen ein.

• •

Frage 7:
Richtige Antwort: B

Super, du hast erkannt, dass dein Freund ein Argument rechter Ideologen verwendet. Aber was nun? Es wird wahrscheinlich sehr schwierig sein, ihn von deiner Sicht zu überzeugen – und ihm zu zeigen, dass er falschliegt. Am besten funktioniert das, indem du ihm viele Fragen stellst. Zum Beispiel: Woher hast du deine Informationen? Meist werden das Einträge in den sozialen Medien sein – mit zweifelhafter Quelle. Zeige ihm, wie er sich besser informieren kann. Eine andere Frage könnte sein: Worüber machst du dir Sorgen? So zeigst du ihm, dass du dich für seine Gefühle interessierst. Und vielleicht merkt er, dass es eigentlich ganz andere Dinge sind, die ihn beschäftigen. Wichtig ist, dass du seine Sichtweise nicht verurteilst, sondern im Gespräch immer offen und freundlich bleibst. Wenn du das Gefühl hast, du kommst nicht weiter, ist es aber völlig okay zu sagen: „Ich glaube, wir müssen das Gespräch hier beenden."

Frage 8:
Richtige Antwort: B

Es ist super, wenn du Rassismus erkennst. „Scheiß-Kanake" ist ein rassistisches Schimpfwort, das niemand sagen darf. Trotzdem ist es nicht der richtige Weg, in solchen Momenten selbst dazwischenzugehen – und sich damit womöglich in Gefahr zu bringen. Am besten ist es, jemandem Bescheid zu sagen. In der Schule kann das eine Lehrerin sein, in anderen Situationen aber auch andere Erwachsene oder die Polizei.

Frage 9:
Richtige Antwort: C

Hass gegen Muslime zu verbreiten, ist ein typisch rechtes Thema. In diesem Moment spielt es aber gar keine so große Rolle für deine Entscheidung: Wenn du erkennst, dass sich jemand in einer Situation bedrängt oder unwohl fühlt, musst du etwas unternehmen – egal, worum es geht. Dabei hilft es immer, der Person zu zeigen, dass sie nicht allein ist. Das kannst du machen, indem du zu ihr gehst, sie anlächelst und freundlich ansprichst. Die merkwürdigen Männer musst du dabei gar nicht beachten. Schon seid ihr zu zweit und die Wahrscheinlichkeit, dass noch andere Menschen in der U-Bahn aufmerksam werden, steigt. Achtung: Wenn du das Gefühl hast, eine Situation ist sehr aggressiv und jemand könnte körperliche Gewalt anwenden, halte dich zurück. In dem Fall ist es besser, sofort den Notruf zu wählen. Dann sagen dir die Profis von der Polizei, wie du dich am besten verhältst.

● ●

Frage 10:
Richtige Antwort: C

Der Vater des Schuldfreunds hat typische Vorurteile der Rechten wiedergegeben: Muslime seien gewalttätig, hätten viele Kinder und würden ihre Frauen schlecht behandeln. Natürlich stimmt das so allgemein nicht. Und es kann einen richtig wütend machen, wenn jemand so etwas behauptet. Gerade deshalb ist es wichtig, dass du in so einer Situation einen kühlen Kopf behältst. Wenn du dich selbst aufregst, wirst du den anderen nicht von deinen Argumenten überzeugen können.

Eine Strategie kann in so einer Situation sein, denjenigen zu fragen: „Kennst du die Leute eigentlich persönlich?" Bei einem

Kennenlernen würde sich wahrscheinlich herausstellen, dass die Familie in Wahrheit nur drei und nicht sieben Kinder hat und eigentlich einen ganz netten Eindruck macht. Am wichtigsten ist aber, dass du mit deinem Schulfreund darüber sprichst, was sein Vater sagt. Denn ihr seid befreundet und er wird dir gut zuhören, wenn du ihm erklärst, warum sein Vater in diesem Punkt unrecht hat.

Frage 11:

Richtige Antwort: Bei dieser Frage gibt es keine Antwort, die einfach so „richtig" ist. Denn es geht um deine politische Meinung. Ob du es richtig findest, mit Mitgliedern der AfD oder der Jungen Alternative (JA) zu sprechen, ist deine eigene Entscheidung. Klar ist aber auch: Die JA wird in mehreren Bundesländern vom Verfassungsschutz als Verdachtsfall einer rechtsextremen Vereinigung beobachtet. Aussagen ihrer Mitglieder sollten deshalb am besten gar nicht – oder wenigstens nicht unkommentiert – in den sozialen Medien verbreitet werden.

(Weil es keine richtigen Antworten gibt, gibt es für diese Aufgabe keine Punkte.)

Yara: Auflösung

A Rechte Ideologen grenzen andere aus, ohne zu überlegen, wie sich das für sie anfühlt. Aber rechte Ideen begegnen uns auch in ganz alltäglichen Situationen – zum Beispiel in der Schule. In dieser Situation will die Klassenkameradin Yara die Knete nicht geben, weil sie eine andere Hautfarbe hat. Jemandem zu sagen, dass er dreckige Hände habe, weil seine Haut braun ist, ist ganz klar rassistisch. Schließlich kann derjenige nichts für seine Hautfarbe – und er kann sie auch nicht verändern. Yara hat genau richtig reagiert: Sie hat ihrer Mutter von dem Erlebnis erzählt und die hat die Klassenlehrerin informiert. So konnte sie auf das Problem aufmerksam machen und es lösen.

B Yara hat erlebt, was es bedeutet, wegen der eigenen Hautfarbe ausgegrenzt zu werden. Es fällt ihr schwer, das Gefühl in Worte zu fassen. Sie sagt, dass sich das „ganz komisch" anfühlt. Sie erzählt auch, dass der Kommentar ihrer Klassenkameradin sie wütend gemacht hat.

C Als sich ihre Freundin für sie eingesetzt hat, hat sich Yara wieder gut gefühlt. Die Freundin hat der Klassenkameradin ziemlich deutlich eine Grenze gesetzt: „So was sagt man nicht zu anderen Menschen", sagt sie zu dem Mädchen. Es gibt ein großes Wort für so ein Verhalten: Zivilcourage. Es bedeutet, dass man sich mutig für andere Menschen einsetzt, wenn ihnen Unrecht geschieht.

Saliha: Auflösung

A Saliha und Yasemin hatten zum Glück Menschen in ihrer Nähe, die sich für sie starkgemacht haben. Als die alte Frau im Café die beiden böse angeschaut hat, hat die Freundin einfach zurückgestarrt. So etwas nennt man Zivilcourage. Es bedeutet, nicht wegzuschauen, wenn sich jemand zum Beispiel rassistisch verhält. Oder etwas sagt, das nicht in Ordnung ist. Sondern selbst aktiv zu werden und sich gegen rechte Ideen zu wehren. Zivilcourage ist das wichtigste Mittel, das wir gegen rechte Ideologen haben: Sie kann rechte Ideologie im Keim ersticken. Und verhindern, dass rechte Ideen immer größer, extremer und gefährlicher werden. Und so am Ende sogar Gewalt durch rechte Ideologen stoppen.

B „Viele Menschen denken, nur weil jemand braune Haut hat, ist er Ausländer", sagt Saliha. Das ist ein Vorurteil, das viele Menschen in sich tragen – bei rechten Ideologen ist es besonders verbreitet. Dabei haben Deutsche natürlich ganz verschiedene Haut-, Haar- und Augenfarben, weil ihre Vorfahren aus unterschiedlichen Teilen dieser Welt stammen. Am Äußeren eines Menschen kann man nicht erkennen, woher derjenige stammt.

Bist du Anfänger, Kenner oder Profi?

0–6 Punkte:
Der Anfänger

Dir fällt es an vielen Stellen noch schwer, rechte Ideen zu erkennen. Auch rechte Codes, Zeichen und Abkürzungen sind dir noch nicht vertraut. In den beschriebenen Situationen erkennst du noch nicht sicher, wenn rechte Ideen auftauchen oder weißt nicht genau, wie du dich verhalten sollst, wenn du sie bemerkst. Das kann daran liegen, dass du dich noch nicht so viel mit dem Thema beschäftigt hast – und ist erst mal überhaupt nicht schlimm. Wichtig ist nur, dass du dich jetzt informierst. Blätter doch noch mal ein paar Seiten zurück durch dieses Buch – oder schau dir unsere Literaturempfehlungen auf Seite 123 an.

7–13 Punkte:
Der Kenner

Du bist schon ziemlich gut darin, rechte Ideen zu erkennen und kannst viele Situationen richtig einschätzen, in denen sie auftauchen. Toll, weiter so! Um noch besser darin zu werden, kann es dir helfen, dich noch weiter zu informieren. Schau doch mal in unsere Literaturempfehlungen auf Seite 123. Vielleicht gibt es auch an deiner Schule oder in deiner Stadt ein Projekt gegen Rechts, bei dem du dich engagieren kannst?

Der Profi

Wow, du kennst dich richtig gut aus! Es fällt dir leicht, rechte Ideen und Codes zu erkennen und zu durchschauen. Und du weißt, wie man sich in ganz unterschiedlichen Situationen richtig verhält, in denen einem rechte Ideen begegnen. Das ist super. Vielleicht fällt es anderen aber nicht ganz so leicht wie dir, rechte Ideologie im Alltag zu erkennen und sich dagegen zu wehren. Nutze dein Wissen, um ihnen zu helfen, rechte Ideen zu erkennen – und sich vor ihnen zu schützen.

Hast du noch nicht genug?

Auf der Seite der Bundeszentrale für politische Bildung kannst du testen, wie viel du über die Codes der rechten Szene weißt: https://www.bpb. de/fsd/elements-of-crime/w930/index.html

Symbol-Test

Anhang

Grundgesetz für die Bundesrepublik Deutschland

Im Folgenden findest du Auszüge aus dem Grundgesetz der Bundesrepublik Deutschland (abgekürzt GG).

Ausfertigungsdatum: 23.05.1949, zuletzt geändert 29.9.2020

Präambel

Im Bewußtsein seiner Verantwortung vor Gott und den Menschen, von dem Willen beseelt, als gleichberechtigtes Glied in einem vereinten Europa dem Frieden der Welt zu dienen, hat sich das Deutsche Volk kraft seiner verfassungsgebenden Gewalt dieses Grundgesetz gegeben.

Die Deutschen in den Ländern Baden-Württemberg, Bayern, Berlin, Brandenburg, Bremen, Hamburg, Hessen, Mecklenburg-Vorpommern, Niedersachsen, Nordrhein-Westfalen, Rheinland-Pfalz, Saarland, Sachsen, Sachsen-Anhalt, Schleswig-Holstein und Thüringen haben in freier Selbstbestimmung die Einheit und Freiheit Deutschlands vollendet. Damit gilt dieses Grundgesetz für das gesamte Deutsche Volk.

I. Die Grundrechte

Art 1

(1) Die Würde des Menschen ist unantastbar. Sie zu achten und zu schützen ist Verpflichtung aller staatlichen Gewalt.

(2) Das Deutsche Volk bekennt sich darum zu unverletzlichen und unveräußerlichen Menschenrechten als Grundlage jeder

menschlichen Gemeinschaft, des Friedens und der Gerechtigkeit in der Welt.

(3) Die nachfolgenden Grundrechte binden Gesetzgebung, vollziehende Gewalt und Rechtsprechung als unmittelbar geltendes Recht.

Art 2

(1) Jeder hat das Recht auf die freie Entfaltung seiner Persönlichkeit, soweit er nicht die Rechte anderer verletzt und nicht gegen die verfassungsmäßige Ordnung oder das Sittengesetz verstößt.

(2) Jeder hat das Recht auf Leben und körperliche Unversehrtheit. Die Freiheit der Person ist unverletzlich. In diese Rechte darf nur auf Grund eines Gesetzes eingegriffen werden.

Art 3

(1) Alle Menschen sind vor dem Gesetz gleich.

(2) Männer und Frauen sind gleichberechtigt. Der Staat fördert die tatsächliche Durchsetzung der Gleichberechtigung von Frauen und Männern und wirkt auf die Beseitigung bestehender Nachteile hin.

(3) Niemand darf wegen seines Geschlechtes, seiner Abstammung, seiner Rasse, seiner Sprache, seiner Heimat und Herkunft, seines Glaubens, seiner religiösen oder politischen Anschauungen benachteiligt oder bevorzugt werden. Niemand darf wegen seiner Behinderung benachteiligt werden.

Art 4

(1) Die Freiheit des Glaubens, des Gewissens und die Freiheit

des religiösen und weltanschaulichen Bekenntnisses sind unverletzlich.

(2) Die ungestörte Religionsausübung wird gewährleistet.

Art 5

(1) Jeder hat das Recht, seine Meinung in Wort, Schrift und Bild frei zu äußern und zu verbreiten und sich aus allgemein zugänglichen Quellen ungehindert zu unterrichten. Die Pressefreiheit und die Freiheit der Berichterstattung durch Rundfunk und Film werden gewährleistet. Eine Zensur findet nicht statt.

(2) Diese Rechte finden ihre Schranken in den Vorschriften der allgemeinen Gesetze, den gesetzlichen Bestimmungen zum Schutze der Jugend und in dem Recht der persönlichen Ehre.

Art 8

(1) Alle Deutschen haben das Recht, sich ohne Anmeldung oder Erlaubnis friedlich und ohne Waffen zu versammeln.

(2) Für Versammlungen unter freiem Himmel kann dieses Recht durch Gesetz oder auf Grund eines Gesetzes beschränkt werden.

Art 9

(1) Alle Deutschen haben das Recht, Vereine und Gesellschaften zu bilden.

(2) Vereinigungen, deren Zwecke oder deren Tätigkeit den Strafgesetzen zuwiderlaufen oder die sich gegen die verfassungsmäßige Ordnung oder gegen den Gedanken der Völkerverständigung richten, sind verboten.

Art 16a

(1) Politisch Verfolgte genießen Asylrecht.

(2) Auf Absatz 1 kann sich nicht berufen, wer aus einem Mitgliedstaat der Europäischen Gemeinschaften oder aus einem anderen Drittstaat einreist, in dem die Anwendung des Abkommens über die Rechtsstellung der Flüchtlinge und der Konvention zum Schutze der Menschenrechte und Grundfreiheiten sichergestellt ist. Die Staaten außerhalb der Europäischen Gemeinschaften, auf die die Voraussetzungen des Satzes 1 zutreffen, werden durch Gesetz, das der Zustimmung des Bundesrates bedarf, bestimmt. In den Fällen des Satzes 1 können aufenthaltsbeendende Maßnahmen unabhängig von einem hiergegen eingelegten Rechtsbehelf vollzogen werden.

Art 18

Wer die Freiheit der Meinungsäußerung, insbesondere die Pressefreiheit (Artikel 5 Abs. 1), die Lehrfreiheit (Artikel 5 Abs. 3), die Versammlungsfreiheit (Artikel 8), die Vereinigungsfreiheit (Artikel 9), das Brief-, Post- und Fernmeldegeheimnis (Artikel 10), das Eigentum (Artikel 14) oder das Asylrecht (Artikel 16a) zum Kampfe gegen die freiheitliche demokratische Grundordnung mißbraucht, verwirkt diese Grundrechte. Die Verwirkung und ihr Ausmaß werden durch das Bundesverfassungsgericht ausgesprochen.

II. Der Bund und die Länder

Art 21

(1) Die Parteien wirken bei der politischen Willensbildung des Volkes mit. Ihre Gründung ist frei. Ihre innere Ordnung muß demokratischen Grundsätzen entsprechen. Sie müssen über

die Herkunft und Verwendung ihrer Mittel sowie über ihr Vermögen öffentlich Rechenschaft geben.

(2) Parteien, die nach ihren Zielen oder nach dem Verhalten ihrer Anhänger darauf ausgehen, die freiheitliche demokratische Grundordnung zu beeinträchtigen oder zu beseitigen oder den Bestand der Bundesrepublik Deutschland zu gefährden, sind verfassungswidrig.

(3) Parteien, die nach ihren Zielen oder dem Verhalten ihrer Anhänger darauf ausgerichtet sind, die freiheitliche demokratische Grundordnung zu beeinträchtigen oder zu beseitigen oder den Bestand der Bundesrepublik Deutschland zu gefährden, sind von staatlicher Finanzierung ausgeschlossen. Wird der Ausschluss festgestellt, so entfällt auch eine steuerliche Begünstigung dieser Parteien und von Zuwendungen an diese Parteien.

(4) Über die Frage der Verfassungswidrigkeit nach Absatz 2 sowie über den Ausschluss von staatlicher Finanzierung nach Absatz 3 entscheidet das Bundesverfassungsgericht.

Quellen

1   Studie zu Religion und Toleranz: Jeder Zweite sieht Islam als Bedrohung –
    Tagesschau (11.07.2019):
    https://www.tagesschau.de/inland/islam-studie-bertelsmann-stiftung-101.
    html

2   NS-Verfolgung von „Zigeunern" und „Wiedergutmachung" nach 1945 –
    Bundeszentrale für politische Meinung (25.05.2011):
    https://www.bpb.de/apuz/33275/ns-verfolgung-von-zigeunern-und-
    wiedergutmachung-nach-1945?p=all

3   13-Jährige bricht in Schulbus zusammen und stirbt – Die Rheinpfalz
    (07.09.2020):
    https://www.rheinpfalz.de/lokal/pfalz-ticker_artikel,-13-j%C3%A4hrige-
    bricht-in-schulbus-zusammen-und-stirbt-_arid,5107196.html

4   Kein Weihnachtsgeld für Flüchtlinge – Correctiv (30.10.2018):
    https://correctiv.org/faktencheck/migration/2018/10/30/kein-
    weihnachtsgeld-fuer-fluechtlinge/

5   PMK 2019 – Deliktsbereiche – Bundesministerium des Innern, für Bau
    und Heimat (07.05.2020):
    https://www.bmi.bund.de/SharedDocs/downloads/DE/
    veroeffentlichungen/2020/pmk-2019-deliktsbereiche.html

6   Straf- und Gewalttaten von rechts: Was sagen die offiziellen Statistiken? –
    Bundeszentrale für politische Bildung (13.11.2018):
    https://www.bpb.de/politik/extremismus/rechtsextremismus/264178/
    pmk-statistiken

7   RECHTSEXTREMISMUS – AKTUELLE NACHRICHTEN – Tagesschau
    (tagesaktuell):
    https://www.tagesschau.de/thema/rechtsextremismus/

8   Neuseeländer muss wegen Verbreitung von Terrorvideo 21 Monate in
    Haft – DER SPIEGEL (18.06.2019):
    https://www.spiegel.de/politik/ausland/neuseeland-21-monate-haft-fuer-
    verbreitung-des-videos-vom-christchurch-anschlag-a-1272961.html

9   How do teenagers perceive their intelligence? Narcissism, intellect, well-
    being and gender as correlates of self-assessed intelligence among
    adolescents (01.02.2021):
    https://www.sciencedirect.com/science/article/pii/S0191886920301677

10 Grundgesetz für die Bundesrepublik Deutschland – Bundesministerium
    für Justiz und für Verbraucherschutz (29.09.2020):
    https://www.gesetze-im-internet.de/gg/

Literatur (Auswahl)

Butterwegge, Christoph und Lohmann, Georg (Hrsg.): Jugend, Rechtsextremismus und Gewalt. Analyse und Argumente. Springer Verlag 2000.

Marmer, Elina und Sow, Papa: Wie Rassismus aus Schulbüchern spricht. Kritische Auseinandersetzung mit ›Afrika‹-Bildern und Schwarz-Weiß-Konstruktionen in der Schule. Ursachen, Auswirkungen und Handlungsansätze für die pädagogische Praxis. Beltz Verlag 2015.

Röpke, Andrea und Speit, Andreas: Blut und Ehre: Geschichte und Gegenwart rechter Gewalt in Deutschland. Ch. Links Verlag 2013.

Salzborn, Samuel: Von der Ideologie der Ungleichheit zum praktizierten Rechtsterrorismus. Zur Systematik und Genese des militanzaffinen Rechtsextremismus in Deutschland. In: Rechte Gewalt in Deutschland. Zum Umgang mit dem Rechtsextremismus in Gesellschaft, Politik und Justiz. Hg. v. Sybille Steinbacher. Wallstein Verlag 2016, S. 187–204.

Schedler, Jan: Die extreme Rechte als soziale Bewegung. Theoretische Verortung, methodologische Anmerkungen und empirische Erkenntnisse. In: Handbuch Rechtsextremismus. Hg. v. Fabian Virchow, Martin Langenbach, Alexander Häusler. Springer 2017, S. 285–323.

Onlineartikel (Auswahl)

Rechtsextremismus – Bundesamt für Verfassungsschutz
https://www.verfassungsschutz.de/DE/themen/rechtsextremismus/rechtsextremismus_node.html

Rechtsextremismus (Dossier) – Bundeszentrale für politische Bildung
https://www.bpb.de/politik/extremismus/rechtsextremismus/

Das sind Deutschlands rechte Parteien – RP Online
https://rp-online.de/politik/deutschland/das-sind-deutschlands-rechte-parteien_iid-16415225

Social Media and Suicide: A Public Health Perspective – PubMed Central
(U.S. National Institutes of Health's National Library of Medicine) (02.05.2021):
https://www.ncbi.nlm.nih.gov/pmc/articles/PMC3477910/

Kein Filter für Rechts. Wie die rechte Szene Instagram benutzt, um junge Menschen zu rekrutieren – Correctiv (07.10.2020):
https://correctiv.org/top-stories/2020/10/06/kein-filter-fuer-rechts-instagram-rechtsextremismus-frauen-der-rechten-szene/

Rechte Influencer auf Youtube: Das Brummen der Bienen – hr iNFO | Jung. Macht. Politik. (15.07.2020):

https://www.hr-inforadio.de/programm/dossiers/jung-macht-politik/rechte-influencer-auf-youtube-das-brummen-der-bienen-jungmachtpolitik,jung-macht-politik-rechte-influencer-102.html

‚PizzaGate' Conspiracy Theory Thrives Anew in the TikTok Era – The New York Times (14.07.2020):
https://www.nytimes.com/2020/06/27/technology/pizzagate-justin-bieber-qanon-tiktok.html

On TikTok, COVID-19 Conspiracy Theories Flourish Amid Viral Dances – Rolling Stone (13.05.2020):
https://www.rollingstone.com/culture/culture-features/tiktok-conspiracy-theories-bill-gates-microchip-vaccine-996394/

Die Strategie beginnt aufzugehen: Wie die rechte Szene ihren Nachwuchs rekrutiert – Der Tagesspiegel (24.10.2019):
https://www.tagesspiegel.de/politik/die-strategie-beginnt-aufzugehen-wie-die-rechte-szene-ihren-nachwuchs-rekrutiert/25087410.html

Internet-Expertin infiltrierte rechte Foren: Aus dem Innenleben einer Trollarmee – DER SPIEGEL (06.09.2019):
https://www.spiegel.de/politik/internet-expertin-infiltrierte-rechte-foren-aus-dem-innenleben-einer-trollarmee-a-00000000-0002-0001-0000-000165813286

Rechte YouTube-Landschaft: Rechtsextreme Influencer*innen – Belltower. News (22.03.2019):
https://www.belltower.news/rechte-youtube-landschaft-rechtsextreme-influencerinnen-82747/

Framing-Check: „Asyltourismus". Als wäre Flucht eine Kreuzfahrt mit Piña colada – Süddeutsche Zeitung (05.07.2018):
https://www.sueddeutsche.de/kultur/framing-check-asyltourismus-als-waere-flucht-eine-kreuzfahrt-mit-pina-colada-1.4038595

Teens, Social Media & Technology 2018 – Pew Research Center (31.05.2018):
https://www.pewresearch.org/internet/2018/05/31/teens-social-media-technology-2018/

Diese Tech-Entwickler bereuen ihre Schöpfungen – Süddeutsche Zeitung (14.02.2018):
https://www.sueddeutsche.de/digital/silicon-valley-liebe-menschheit-es-tut-uns-leid-1.3866283

Welche Rechtsaußen-Parteien gibt es in Deutschland? – Belltower.News (01.01.2017):
https://www.belltower.news/welche-rechtsaussen-parteien-gibt-es-in-deutschland-39404/

Dokumentarfilme

Asumang, Mo: Die Arier. Hanfgarn & Ufer Filmproduktion und Bundeszentrale für politische Bildung 2013.

Orlowski, Jeff: Das Dilemma mit den sozialen Medien. Netflix 2020

Buchtipps zum Weiterlesen

Sachbücher ab 12

Jewell, Tiffany: Das Buch vom Antirassismus: 20 Lektionen, um Rassismus zu verstehen und zu bekämpfen

Kuhla, Karoline: Carlsen Klartext: Fake News. Falschmeldungen in Nachrichten und Politik – kompakt zusammengefasst

Ludwig, Jan: Carlsen Klartext: Populismus. Politisch-populistische Strategien kompakt aufgearbeitet

Nürnberger, Christian: Mutige Menschen. Widerstand im Dritten Reich

Reumschüssel, Anja: Carlsen Klartext: Extremismus

Steffen, Philipp: Sag was! Radikal höflich gegen Rechtspopulismus argumentieren

Steffen, Philipp: Sprich es an! Rechtspopulistischer Sprache radikal höflich entgegentreten

Weitere Sachbücher

Amjahid, Mohamed: Der weiße Fleck: Eine Anleitung zu antirassistischem Denken

Aydemir, Fatma und Yaghoobifarah, Hengameh (Hg.): Eure Heimat ist unser Albtraum

Fielitz, Maik und Marcks, Holger: Digitaler Faschismus: Die sozialen Medien als Motor des Rechtsextremismus

Hasters, Alice: Was weiße Menschen nicht über Rassismus hören wollen, aber wissen sollten

Ogette, Tupoka: Exit Racism (s. auch *https://www.exitracism.de/*)

Von Kempis, Franzi: Anleitung zum Widerspruch: Klare Antworten auf populistische Parolen, Vorurteile und Verschwörungstheorien

Hilfreiche Webseiten

Wenn du dich weiter zu dem Thema informieren möchtest, können dir die folgenden Webseiten dabei helfen:

Belltower News
https://www.belltower.news/themen/

Bundesamt für Verfassungsschutz: Rechtsextremismus
https://www.verfassungsschutz.de/DE/themen/rechtsextremismus/rechtsextremismus_node.html

Bundeszentrale für politische Bildung: Rechtsextremismus
https://www.bpb.de/politik/extremismus/rechtsextremismus/
Erklärvideo zum Thema: *https://www.youtube.com/watch?v=ZZP1kyenw8w*

Correctiv: Kein Filter für Rechts. Wie die rechte Szene Instagram benutzt, um junge Menschen zu rekrutieren
https://correctiv.org/top-stories/2020/10/06/kein-filter-fuer-rechts-instagram-rechtsextremismus-frauen-der-rechten-szene/

Endstation Rechts
https://www.endstation-rechts.de/

Informationsplattform gegen Rechtsextremismus
http://www.rechtsextremismus.ch/

Offensive gegen Rechts
http://ogr.or.at/

Wenn du dich gegen rechts engagieren möchtest, jemandem beim Ausstieg helfen willst oder selbst Hilfe brauchst, dann helfen dir die folgenden Webseiten:

Amadeu Antonio Stiftung (D)
https://www.amadeu-antonio-stiftung.de/

Bundesarbeitsgemeinschaft Ausstieg zum Einstieg (D)
https://www.bag-ausstieg.de/

Exit Deutschland (D)
https://www.exit-deutschland.de/

GRA – Stiftung gegen Rassismus und Antisemitismus (CH)
https://www.gra.ch/

Hassmelden
https://hassmelden.de/

Kein Bock auf Nazis (D)
https://www.keinbockaufnazis.de/wer-wir-sind

Die Website-Adressen (URLs) in diesem Buch waren zum Zeitpunkt der Drucklegung gültig. Es ist jedoch möglich, dass sich Inhalte oder Adressen seit der Veröffentlichung dieses Buches geändert haben. Weder die Autorin noch der Verlag übernehmen die Verantwortung für eventuelle Änderungen.

Index

Lisa Duhm
Sie sind überall – Gegen Faschismus in deinem Feed
978-3-522-30593-8

Gesamtgestaltung, Innenlayout und -typografie:
Eva Jung, gobasil GmbH, Hamburg
Satz: Tanja Haaf
Reproduktion: DIGIZWO Kessler + Kienzle GbR, Stuttgart
Druck und Bindung: Livonia Print, Riga

© 2021 Gabriel in der Thienemann-Esslinger Verlag GmbH, Stuttgart.
Printed in Latvia. Alle Rechte vorbehalten.